大方廣佛華嚴經 讀誦

50

🪷 일러두기

1. 『독송본 한문·한글역 대방광불화엄경』은 실차난타가 한역(695~699)한 80권『대방광불화엄경』의 한문 원문과 한글역을 함께 수록한 것이다. 한문에는 음사와 현토를 부기하였다.

2. 원문의 저본은 고종 2년(1865) 월정사에서 인경한 고려대장경『대방광불화엄경』에 한암 스님이 현토(1949년)한 것을 범룡 스님이 영인 출판(1990년)한『대방광불화엄경』이다.

3. 한문은 저본에서 누락되었거나 글자가 다르다고 판단된 부분은 저본인 고려대장경 각권의 말미에 교감되어 있는 내용을 중심으로 하고 봉은사판『대방광불화엄경수소연의초』와 신수대장경 각주에서 밝힌 교감본을 참조하여 보입하고 수정하였다.

4. 한글 번역은 동국역경원에서 발간한 한글『대방광불화엄경』(운허)을 중심으로 하고『신화엄경합론』(탄허)과『대방광불화엄경 강설』(여천무비) 그리고 최근의 여타 번역본 등을 참조하였다.

5. 저본의 원문에서 이체자의 경우 흔글이 제공하는 이체자는 그대로 살리고 흔글이 제공하지 않는 글자는 통용되는 정자로 바꾸었다. 예) 閒 → 閘 / 焰 → 燄 / 宫 → 宮 / 稱 → 稱

6. 한글 번역은 독송과 사경을 위하여 정확성과 아울러 가독성을 고려하였다. 극존칭은 부처님과 불경계에 대해서만 사용하였다.

7. 독송본의 차례는 일러두기 → 본문 → 화엄경 목차 → 간행사의 순차이다.
   (법공양판에는 간행사 다음에 간행불사 동참자를 밝혀 두었다.)

8. 독송본의 한글역은 사경의 편의를 도모하기 위해 그 편집을 달리하여『사경본 한글역 대방광불화엄경』으로 함께 간행한다. 독송본과 사경본 모두 80권『대방광불화엄경』의 권별 목차 순으로 간행한다.

독송본 한문 · 한글역

대방광불화엄경 제50권
大方廣佛華嚴經 卷第五十

37. 여래출현품 [1]
如來出現品 第三十七之一

실차난타 한역
수미해주 한글역

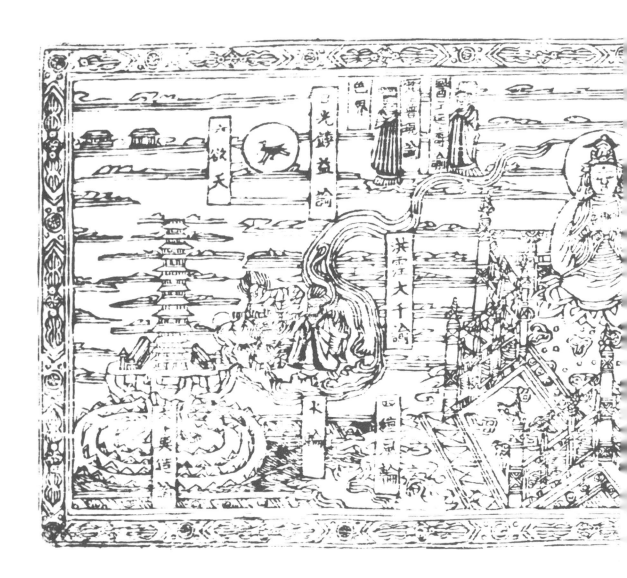

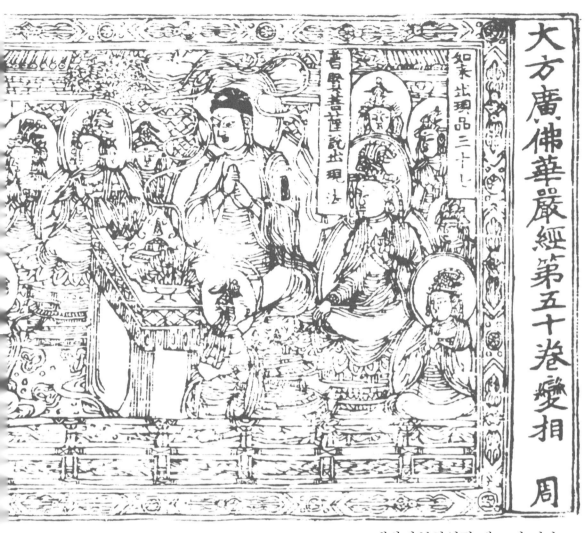

대방광불화엄경 제50권 변상도

대방광불화엄경
제50권

37. 여래출현품 [1]

대방광불화엄경 권제오십
大方廣佛華嚴經 卷第五十

여래출현품 제삼십칠지일
如來出現品 第三十七之一

이시　　세존　　종미간백호상중　　　방대광
爾時에 世尊이 從眉間白毫相中하야 放大光

명　　　　명여래출현　　무량백천억나유타아
明하시니 名如來出現이라 無量百千億那由他阿

승지광명　　　이위권속
僧祇光明으로 以爲眷屬하니라

기광　　보조시방진허공법계일체세계　　　우
其光이 普照十方盡虛空法界一切世界하야 右

1

대방광불화엄경 제50권

37. 여래출현품 [1]

그때에 세존께서 미간의 백호상으로부터 큰 광명을 놓으시니 이름이 '여래출현'이고, 한량없는 백천억 나유타 아승지 광명으로 권속이 되었다.

그 광명이 시방의 온 허공 법계의 일체 세계를 널리 비추며 오른쪽으로 열 번 돌아 여래

요 십 잡　　현 현 여 래 무 량 자 재
遠十市하며 顯現如來無量自在하니라

각 오 무 수 제 보 살 중　　진 동 일 체 시 방 세 계
覺悟無數諸菩薩衆하며 震動一切十方世界하며

제 멸 일 체 제 악 도 고　　영 폐 일 체 제 마 궁 전
除滅一切諸惡道苦하며 映蔽一切諸魔宮殿하니라

현 시 일 체 제 불 여 래　　좌 보 리 좌　　성 등 정 각
顯示一切諸佛如來가 坐菩提座하야 成等正覺과

급 이 일 체 도 량 중 회
及以一切道場衆會하니라

작 시 사 이　　이 래 우 요 보 살 중 회　　입 여 래
作是事已하고 而來右遶菩薩衆會하야 入如來

성 기 묘 덕 보 살 정
性起妙德菩薩頂하니라

시　　차 도 량 일 체 대 중　　신 심 용 약　　생 대 환
時에 此道場一切大衆이 身心踊躍하야 生大歡

의 한량없이 자재하심을 나타내었다.

수없는 모든 보살 대중들을 깨우치며, 일체 시방세계를 진동시키며, 일체 모든 악도의 고통을 멸하여 없애며, 일체 모든 마군의 궁전을 덮어 가렸다.

일체 모든 부처님 여래께서 보리좌에 앉아서 평등하고 바른 깨달음을 이루심과 일체 도량에 모인 대중들을 나타내 보였다.

이러한 일을 하고는 와서 보살 대중모임을 오른쪽으로 돌아 여래성기묘덕 보살의 정수리로 들어갔다.

그때에 이 도량의 일체 대중이 몸과 마음이

희 작여시념 심기희유 금자여래
喜하야 作如是念호대 甚奇希有여 今者如來가

방대광명 필당연설심심대법
放大光明하시니 必當演說甚深大法이로다

이시 여래성기묘덕보살 어연화좌상 편
爾時에 如來性起妙德菩薩이 於蓮華座上에 偏

단우견 우기합장 일심향불 이설송
袒右肩하며 右跽合掌하고 一心向佛하사 而說頌

언
言하시니라

뛸 듯이 크게 환희하여 이와 같은 생각을 하였다. '매우 신기하고 희유하다. 지금 여래께서 큰 광명을 놓으시니, 반드시 깊고 깊은 큰 법을 연설하실 것이다.'

그때에 여래성기묘덕 보살이 연화좌 위에서 오른 어깨를 드러내고 오른 무릎을 꿇고 합장하고 한결같은 마음으로 부처님을 향하여 게송을 설하여 말씀하였다.

정각공덕대지출
正覺功德大智出하사

보달경계도피안
普達境界到彼岸하사

등어삼세제여래
等於三世諸如來일새

시고아금공경례
是故我今恭敬禮하노이다

이승무상경계안
已昇無相境界岸하사대

이현묘상장엄신
而現妙相莊嚴身하시며

방어이구천광명
放於離垢千光明하사

파마군중함령진
破魔軍衆咸令盡이로다

시방소유제세계
十方所有諸世界를

실능진동무유여
悉能震動無有餘하사대

미증공포일중생
未曾恐怖一衆生하시니

선서위신력여시
善逝威神力如是로다

바른 깨달음의 공덕으로 큰 지혜를 내시어
경계를 널리 통달하고 피안에 이르셔서
삼세 모든 여래와 평등하시니
그러므로 제가 지금 공경히 예배합니다.

형상 없는 경계의 언덕에 이미 오르시고
미묘한 모습으로 장엄한 몸을 나타내시어
때를 여읜 일천 광명을 놓으셔서
마군의 무리들을 부수어 다 없애셨도다.

시방에 있는 바 모든 세계를
모두 능히 진동하여 남음이 없지만
일찍이 한 중생도 두렵게 하지 않으시니
선서의 위신력이 이와 같도다.

허공법계성평등
虛空法界性平等에

이능여시이안주
已能如是而安住하사대

일체함생무수량
一切含生無數量을

함령멸악제중구
咸令滅惡除衆垢로다

고행근로무수겁
苦行勤勞無數劫하사

성취최상보리도
成就最上菩提道하시니

어제경계지무애
於諸境界智無礙하사

여일체불동기성
與一切佛同其性이로다

도사방차대광명
導師放此大光明하사

진동시방제세계
震動十方諸世界하사

이현무량신통력
已現無量神通力하시고

이부환래입아신
而復還來入我身이로다

허공 법계의 성품이 평등하여
이미 능히 이와 같이 편안히 머무르시되
일체 중생 수효 한량없는데
다 악을 멸하고 온갖 때를 없애셨도다.

수없는 겁 동안 고행하며 애쓰시어
최상의 보리도를 성취하시니
모든 경계에 지혜가 걸림이 없으셔서
일체 부처님과 그 성품이 같으시도다.

도사께서 이러한 큰 광명을 놓으시어
시방의 모든 세계를 진동케 하시며
한량없는 신통력을 이미 나타내시고
다시 돌아와서 저의 몸에 들게 하셨도다.

결정법중능선학
決定法中能善學한

무량보살개래집
無量菩薩皆來集하야

영아발기문법심
令我發起問法心일새

시고아금청법왕
是故我今請法王하노이다

금차중회개청정
今此衆會皆淸淨하야

선능도탈제세간
善能度脫諸世間하며

지혜무변무염착
智慧無邊無染著하니

여시현승함래집
如是賢勝咸來集이니이다

이익세간존도사
利益世間尊導師가

지혜정진개무량
智慧精進皆無量하사

금이광명조대중
今以光明照大衆하사

영아문어무상법
令我問於無上法하시니

결정한 법 가운데 능히 잘 배운
한량없는 보살들이 다 와서 모여
나에게 법을 물을 마음을 일으키게 하니
그러므로 제가 지금 법왕께 청합니다.

지금 여기 모인 대중들이 모두 청정하며
모든 세간을 잘 능히 제도하여 해탈케 하며
지혜가 가없고 물들어 집착하지 않으니
이와 같은 성현들이 다 와서 모였습니다.

세간을 이익하게 하는 존귀하신 도사께서
지혜와 정진이 다 한량이 없으시고
지금 광명으로 대중들을 비추시어
저에게 위없는 법을 묻게 하시도다.

수어대선심경계　　　이능진실구개연
誰於大仙深境界에　　而能眞實具開演이며

수시여래법장자　　　세간존도원현시
誰是如來法長子니잇고　世間尊導願顯示하소서

이시　여래　즉어구중　방대광명　　명무
爾時에 如來가 即於口中에 放大光明하시니 名無

애무외　백천억아승지광명　　이위권속
礙無畏라 百千億阿僧祇光明으로 以爲眷屬하니라

보조시방진허공등법계일체세계　　우요십
普照十方盡虛空等法界一切世界하사 右遶十

잡　　현현여래종종자재
帀하며 顯現如來種種自在하니라

누가 큰 신선의 깊은 경계를

능히 진실하고 구족하게 연설하며

누가 여래의 법의 장자입니까?

세간의 존귀한 도사께서 보여주소서.

이때에 여래께서 곧 입으로 큰 광명을 놓으

시니 이름이 '걸림 없고 두려움 없음'이며, 백

천억 아승지 광명으로 권속이 되었다.

시방의 온 허공과 같은 법계의 일체 세계를

널리 비추고 오른쪽으로 열 번 돌아서 여래의

갖가지 자재하심을 나타내었다.

한량없는 모든 보살 대중들을 깨우치며, 일

개오무량제보살중　　진동일체시방세계
開悟無量諸菩薩衆하야　震動一切十方世界하며

제멸일체제악도고　　영폐일체제마궁전
除滅一切諸惡道苦하며　映蔽一切諸魔宮殿하며

현시일체제불여래　좌보리좌　　성등정각
顯示一切諸佛如來가　坐菩提座하야　成等正覺과

급이일체도량중회
及以一切道場衆會하니라

작시사이　　이래우요보살중회　　입보현
作是事已하고　而來右遶菩薩衆會하야　入普賢

보살마하살구
菩薩摩訶薩口하시니라

기광　입이　보현보살신　급사자좌　과어
其光이　入已에　普賢菩薩身과　及師子座가　過於

본시　급제보살신좌백배　유제여래사자
本時와　及諸菩薩身座百倍요　唯除如來師子

체 시방세계를 진동시키며, 일체 모든 악도의 고통을 멸하여 없애며, 일체 모든 마군의 궁전을 덮어 가리며, 일체 모든 부처님 여래께서 보리좌에 앉아 평등하고 바른 깨달음을 이루심과 그리고 일체 도량에 모인 대중들을 나타내 보였다.

이러한 일을 하고는 와서 모인 보살 대중들을 오른쪽으로 돌아 보현 보살마하살의 입으로 들어갔다.

그 광명이 들어가자 보현 보살의 몸과 사자좌가 본래 때보다 뛰어넘고 그리고 모든 보살들의 몸과 자리가 백 배이나, 오직 여래의 사

지좌
之座러니라

이시   여래성기묘덕보살   문보현보살마
爾時에 如來性起妙德菩薩이 問普賢菩薩摩

하살언
訶薩言하시니라

불자   불소시현광대신변   영제보살   개생
佛子야 佛所示現廣大神變이 令諸菩薩로 皆生

환희   불가사의   세막능지   시하서
歡喜하나니 不可思議라 世莫能知니 是何瑞

상
相이니잇고

보현보살마하살   언
普賢菩薩摩訶薩이 言하시니라

자좌는 제외되었다.

  이때에 여래성기묘덕 보살이 보현 보살마하살에게 물었다.

"불자여, 부처님께서 나타내 보이시는 광대한 신통 변화가 모든 보살들로 하여금 다 환희하게 하시니 불가사의함이라, 세상이 알 수 없으니 이것은 어떠한 상서입니까?"

  보현 보살마하살이 말씀하였다.

"불자여, 내가 지난 옛적에 모든 여래 응정등각을 친견하니, 이와 같이 광대한 신통 변화를 나타내 보이시고는 곧 여래께서 출현하

불자 아어왕석 견제여래응정등각 시현
佛子야 我於往昔에 見諸如來應正等覺이 示現

여시광대신변 즉설여래출현법문 여
如是廣大神變에 卽說如來出現法門이러시니 如

아유촌 금현차상 당설기법
我惟忖컨댄 今現此相하시니 當說其法이로다

설시어시 일체대지 실개진동 출생무
說是語時에 一切大地가 悉皆震動하고 出生無

량문법광명
量問法光明하니라

시 성기묘덕보살 문보현보살언
時에 性起妙德菩薩이 問普賢菩薩言하시니라

시는 법문을 설하셨습니다. 내 생각에는 지금 이 현상을 나타내시니 마땅히 그 법을 설하실 것입니다."

이 말을 할 때에 일체 대지가 모두 다 진동하며 한량없는 법을 묻는 광명을 내었다.

그때에 성기묘덕 보살이 보현 보살에게 물었다.

"불자여, 보살마하살은 마땅히 어떻게 모든 부처님 여래 응정등각께서 출현하시는 법을 알아야 합니까? 원컨대 나를 위하여 말씀해

불자   보살마하살   응운하지제불여래응
佛子야 菩薩摩訶薩이 應云何知諸佛如來應

정등각   출현지법   원위아설
正等覺의 出現之法이니잇고 願爲我說하소서

불자   차제무량백천억나유타보살중회
佛子야 此諸無量百千億那由他菩薩衆會가

개구수정업   염혜성취   도어구경대장
皆久修淨業하야 念慧成就하야 到於究竟大莊

엄안   구일체불위의지행   정념제불
嚴岸하며 具一切佛威儀之行하며 正念諸佛하야

미증망실
未曾忘失하니라

대비관찰일체중생   결정요지제대보살신
大悲觀察一切衆生하며 決定了知諸大菩薩神

통경계   이득제불신력소가   능수일체
通境界하며 已得諸佛神力所加하야 能受一切

11

주십시오.

불자여, 이 모든 한량없는 백천억 나유타 보살 대중모임들은 모두 오래 깨끗한 업을 닦아 생각하는 지혜를 성취하고, 구경에는 크게 장엄한 언덕에 이르며, 일체 부처님의 위의의 행을 갖추고, 모든 부처님을 바르게 생각하여 일찍이 잊지 않았습니다.

대비로 일체 중생을 관찰하고, 모든 큰 보살들의 신통한 경계를 결정코 분명하게 알며, 이미 모든 부처님의 위신력으로 가피하신 바를 얻었고, 능히 일체 여래의 미묘한 법을 받았으니, 이와 같은 등의 한량없는 공덕을 갖추어

여래묘법　　구여시등무량공덕　　개이래
如來妙法이니 具如是等無量功德이 皆已來

집
集이니이다

불자　　여이증어무량백천억나유타불소
佛子야 汝已曾於無量百千億那由他佛所에

승사공양　　성취보살최상묘행　　어삼매
承事供養하며 成就菩薩最上妙行하며 於三昧

문　개득자재　　입일체불비밀지처
門에 皆得自在하며 入一切佛祕密之處하니라

지제불법　　단중의혹　　위제여래신력소
知諸佛法하며 斷衆疑惑하며 爲諸如來神力所

가　　지중생근　　수기소락　　위설진실해
加하며 知衆生根하며 隨其所樂하야 爲說眞實解

모두 이미 와서 모였습니다.

불자여, 그대는 이미 일찍이 한량없는 백천
억 나유타 부처님 처소에서 받들어 섬기고 공
양올리어 보살의 가장 높고 미묘한 행을 성취
하고, 삼매의 문에 모두 자재함을 얻고, 일체
부처님의 비밀한 곳에 들어갔습니다.

모든 부처님의 법을 알아 온갖 의혹을 끊고,
모든 여래의 위신력으로 가피하신 바가 되며,
중생들의 근기를 알아 그들이 즐겨하는 바를
따라서 진실하게 해탈하는 법을 설하고, 부처
님의 지혜를 따라서 부처님의 법을 연설하여

탈지법　　　수순불지　　　연설불법　　　도어피
脫之法하며 隨順佛智하야 演說佛法하야 到於彼

안　　유여시등무량공덕
岸이라 有如是等無量功德하시니라

선재불자　　원설여래응정등각출현지법
善哉佛子여 願說如來應正等覺出現之法과

신상　　언음　　심의　　경계　　소행지행　　성도
身相과 言音과 心意와 境界와 所行之行과 成道와

전법　　내지시현입반열반　　　견문친근소생
轉法과 乃至示現入般涅槃과 見聞親近所生

선근　　여시등사　　원개위설
善根하사 如是等事를 願皆爲說하소서

피안에 이르게 하는, 이와 같은 등의 한량없는 공덕이 있습니다.

훌륭합니다. 불자여, 원컨대 여래 응정등각께서 출현하시는 법과, 몸 모습과, 음성과, 마음 뜻과, 경계와, 행하시는 바의 행과, 도를 이루심과, 법륜을 굴리심과, 내지 열반에 듦을 나타내 보이시는 것과, 보고 듣고 친근하여 생기는 선근을 설해 주십시오. 이와 같은 등의 일을 다 설해 주길 원합니다."

시   여래성기묘덕보살   욕중명차의   향
時에 如來性起妙德菩薩이 欲重明此義하사 向

보현보살   이설송왈
普賢菩薩하야 而說頌曰하시니라

선재무애대지혜   선각무변평등경
善哉無礙大智慧여   善覺無邊平等境이시니

원설무량불소행   불자문이개흔경
願說無量佛所行하소서 佛子聞已皆欣慶하리이다

보살운하수순입   제불여래출흥세
菩薩云何隨順入   諸佛如來出興世며

운하신어심경계   급소행처원개설
云何身語心境界와   及所行處願皆說하소서

　그때에 여래성기묘덕 보살이 이 뜻을 거듭
밝히려고 보현 보살을 향하여 게송을 설하여
말하였다.

　훌륭합니다, 걸림 없는 큰 지혜여!
　가없는 평등한 경계를 잘 깨달았으니
　한량없는 부처님의 행하신 바를 말씀하소서.
　불자들이 듣고는 다 기뻐할 것입니다.

　보살들은 어떻게 모든 부처님 여래께서
　세상에 출현하심을 따라 들어가며
　어떤 것이 몸과 말과 마음과 경계와
　행하시는 곳인지 다 말씀하소서.

운하제불성정각
云何諸佛成正覺이며

운하여래전법륜
云何如來轉法輪이며

운하선서반열반
云何善逝般涅槃이니잇고

대중문이심환희
大衆聞已心歡喜하리이다

약유견불대법왕
若有見佛大法王하고

친근증장제선근
親近增長諸善根이니

원설피제공덕장
願說彼諸功德藏하소서

중생견이하소획
衆生見已何所獲이니잇고

약유득문여래명
若有得聞如來名하며

약현재세약열반
若現在世若涅槃에

어피복장생심신
於彼福藏生深信하면

유하등리원선설
有何等利願宣說하소서

어떻게 모든 부처님께서 정각을 이루시고
어떻게 여래께서 법륜을 굴리시며
어떻게 선서께서 열반에 드셨습니까?
대중들이 들으면 마음이 환희할 것입니다.

만약 어떤 이가 부처님 대법왕을 친견하고
친근하면 모든 선근을 증장하니
저 모든 공덕장을 말씀하소서.
중생들이 친견하고 얻는 바가 무엇입니까?

만약 어떤 이가 여래의 명호를 듣거나
세상에 계시거나 열반하심에
저 복의 창고에 깊은 믿음을 내면
어떤 이익이 있는지 말씀하소서.

차제보살개합장
此諸菩薩皆合掌하고

첨앙여래인급아
瞻仰如來仁及我하나니

대공덕해지경계
大功德海之境界인

정중생자원위설
淨衆生者願爲說하소서

원이인연급비유
願以因緣及譬諭로

연설묘법상응의
演說妙法相應義하소서

중생문이발대심
衆生聞已發大心하야

의진지정여허공
疑盡智淨如虛空하리이다

여변일체국토중
如徧一切國土中한

제불소현장엄신
諸佛所現莊嚴身하야

원이묘음급인유
願以妙音及因諭로

시불보리역여피
示佛菩提亦如彼하소서

이 모든 보살들이 다 합장하고
여래와 어지신 이와 나를 바라보니
큰 공덕바다의 경계를
중생을 청정케 하는 자여, 말씀하소서.

원컨대 인연과 비유로
미묘한 법과 상응하는 뜻을 연설하소서.
중생들이 듣고는 큰 마음을 내어
의심이 다하고 지혜가 맑아 허공과 같을 것입니다.

일체 국토 가운데 두루하신
모든 부처님께서 나타내신 장엄한 몸과 같이
원컨대 미묘한 음성과 인연과 비유로써
부처님의 보리를 보임도 또한 그와 같이 하소서.

시방천만제불토
十方千萬諸佛土와

억나유타무량겁
億那由他無量劫에

여금소집보살중
如今所集菩薩衆을

어피일체실난견
於彼一切悉難見이라

차제보살함공경
此諸菩薩咸恭敬하야

어미묘의생갈앙
於微妙義生渴仰하나니

원이정심구개연
願以淨心具開演

여래출현광대법
如來出現廣大法하소서

시방의 천만 모든 부처님 국토와
억 나유타 한량없는 겁에도
지금 모인 바와 같은 보살 대중들을
어디서도 일체를 모두 보기 어려울 것입니다.

이 모든 보살들이 다 공경하고
미묘한 이치를 우러러 갈망하니
원컨대 여래께서 출현하시는 광대한 법을
청정한 마음으로 갖추어 연설하소서.

이시　보현보살마하살　고여래성기묘덕
爾時에 普賢菩薩摩訶薩이 告如來性起妙德

등제보살대중언
等諸菩薩大衆言하시니라

불자　차처　불가사의　소위여래응정등
佛子야 此處가 不可思議니 所謂如來應正等

각　이무량법　이득출현
覺이 以無量法으로 而得出現이라

하이고　비이일연　비이일사　여래출
何以故오 非以一緣이며 非以一事로 如來出

현　이득성취　이십무량백천아승지사
現이 而得成就요 以十無量百千阿僧祇事로

이득성취
而得成就니라

하등　위십
何等이 爲十고

그때에 보현 보살마하살이 여래성기묘덕 등 모든 보살 대중들에게 말씀하였다.

"불자들이여, 이 도리는 불가사의하니, 이른바 여래 응정등각께서는 한량없는 법으로 출현하신다.

무슨 까닭인가? 한 인연으로써가 아니며 한 일로써 여래출현이 성취되는 것이 아니고, 열 한량없는 백천 아승지 일로써 성취된다.

무엇이 열인가?

이른바 과거 한량없이 일체 중생을 거두어 주신 보리심으로 성취된 까닭이며, 과거 한량없이 청정하고 수승한 뜻의 즐거움으로 성취

소위과거무량섭수일체중생보리심소성고
所謂過去無量攝受一切衆生菩提心所成故_며

과거무량청정수승지락소성고　　과거무량
過去無量清淨殊勝志樂所成故_며　過去無量

구호일체중생대자대비소성고　　과거무량
救護一切衆生大慈大悲所成故_며　過去無量

상속행원소성고　　과거무량수제복지심무
相續行願所成故_며　過去無量修諸福智心無

염족소성고
厭足所成故_{니라}

과거무량공양제불　　교화중생소성고　　과
過去無量供養諸佛_{하고}　教化衆生所成故_며　過

거무량지혜방편청정도소성고　　과거무량
去無量智慧方便清淨道所成故_며　過去無量

청정공덕장소성고　　과거무량장엄도지소
清淨功德藏所成故_며　過去無量莊嚴道智所

된 까닭이며, 과거 한량없이 일체 중생을 구호하신 대자대비로 성취된 까닭이며, 과거 한량없이 계속하신 행원으로 성취된 까닭이며, 과거 한량없이 모든 복과 지혜를 닦으시면서 만족하여 싫어함이 없는 마음으로 성취된 까닭이다.

과거 한량없이 모든 부처님께 공양올리고 중생들을 교화하심으로 성취된 까닭이며, 과거 한량없는 지혜와 방편과 청정한 도로 성취된 까닭이며, 과거 한량없이 청정한 공덕장으로 성취된 까닭이며, 과거 한량없이 장엄한 도의 지혜로 성취된 까닭이며, 과거 한량없이 통달

성고　과거무량통달법의소성고
成故며 過去無量通達法義所成故라

불자　여시무량아승지법문　원만　성어
佛子야 如是無量阿僧祇法門이 圓滿하야 成於

여래
如來시니라

불자　비여삼천대천세계　비이일연　비
佛子야 譬如三千大千世界가 非以一緣이며 非

이일사　이득성취　이무량연무량사　방내
以一事로 而得成就요 以無量緣無量事로 方乃

득성
得成이니라

소위흥포대운　강주대우　사종풍륜
所謂興布大雲하야 降霔大雨하며 四種風輪이

한 법과 이치로 성취된 까닭이다.

불자들이여, 이와 같이 한량없는 아승지 법문이 원만하여 여래를 이루신 것이다.

불자들이여, 비유하면 삼천대천세계가 한 인연으로써가 아니며 한 일로써 이루어지는 것이 아니고, 한량없는 인연과 한량없는 일로써 비로소 성취된다.

이른바 큰 구름을 일으켜서 큰비를 내림에 네 가지 풍륜이 서로 계속하여 의지가 된다.

그 넷은 무엇인가? 하나는 이름이 '능지'이니 큰 물을 능히 지니는 까닭이며, 둘은 이름

상속 위 의
相續爲依니라

기사자 하 일 명능지 능지대수고 이
其四者는 **何**오 **一**은 **名能持**니 **能持大水故**며 **二**는

명능소 능소대수고 삼 명건립 건립
名能消니 **能消大水故**며 **三**은 **名建立**이니 **建立**

일체제처소고 사 명장엄 장엄분포
一切諸處所故며 **四**는 **名莊嚴**이니 **莊嚴分布**가

함선교고
咸善巧故라

여시개유중생공업 급제보살선근소기
如是皆由衆生共業과 **及諸菩薩善根所起**니

영어기중일체중생 각수소의 이득수
令於其中一切衆生으로 **各隨所宜**하야 **而得受**

용
用이니라

이 '능소'이니 큰 물을 능히 소멸하는 까닭이며, 셋은 이름이 '건립'이니 일체 모든 처소를 건립하는 까닭이며, 넷은 이름이 '장엄'이니 장엄하여 펼침이 다 교묘한 까닭이다.

이와 같은 것이 모두 중생들의 함께 짓는 업과 그리고 모든 보살들의 선근으로 일으키는 것이니, 그 가운데서 일체 중생으로 하여금 각각 마땅한 바를 따라서 수용하게 한다.

불자들이여, 이와 같은 등의 한량없는 인연으로 삼천대천세계가 이루어지니 법의 성품도 이와 같아서 내는 자도 없으며, 짓는 자도 없으며, 아는 자도 없으며, 이루는 자도 없지만

불자　여시등무량인연　　내성삼천대천세
佛子야 **如是等無量因緣**으로 **乃成三千大千世**

계　　법성　여시　　무유생자　무유작자
界하나니 **法性**이 **如是**하야 **無有生者**며 **無有作者**며

무유지자　무유성자　연피세계　이득성
無有知者며 **無有成者**나 **然彼世界**가 **而得成**

취
就인달하니라

여래출현　역부여시　비이일연　비이
如來出現도 **亦復如是**하야 **非以一緣**이며 **非以**

일사　이득성취　이무량인연　무량사상
一事로 **而得成就**요 **以無量因緣**과 **無量事相**으로

내득성취
乃得成就니라

소위증어과거불소　청문수지대법운우
所謂曾於過去佛所에 **聽聞受持大法雲雨**일새

그러나 저 세계가 성취된다.

여래께서 출현하심도 또한 이와 같아서 한 인연으로써가 아니며 한 일로써 성취되는 것이 아니고, 한량없는 인연과 한량없는 일의 모습으로 성취된다.

이른바 일찍이 과거 부처님 처소에서 큰 법의 구름과 비를 듣고 받아 지녔으니, 이로 인하여 능히 여래의 네 가지 큰 지혜 풍륜을 일으킨다.

무엇이 넷인가? 하나는 '기억하고 지니어 잊지 않는 다라니의 큰 지혜 풍륜'이니 일체 여래의 큰 법의 구름과 비를 능히 지니는 까닭

인차능기여래사종대지풍륜
因此能起如來四種大智風輪하나니라

하등 위사 일자 염지불망다라니대지풍
何等이 爲四오 一者는 念持不忘陀羅尼大智風

륜 능지일체여래대법운우고 이자 출
輪이니 能持一切如來大法雲雨故며 二者는 出

생지관대지풍륜 능소갈일체번뇌고 삼
生止觀大智風輪이니 能消竭一切煩惱故며 三

자 선교회향대지풍륜 능성취일체선근
者는 善巧迴向大智風輪이니 能成就一切善根

고 사자 출생이구차별장엄대지풍륜
故며 四者는 出生離垢差別莊嚴大智風輪이니

영과거소화일체중생 선근청정 성취
令過去所化一切衆生으로 善根淸淨하야 成就

여래무루선근력고
如來無漏善根力故라

이며, 둘은 '그침과 관함을 출생하는 큰 지혜 풍륜'이니 일체 번뇌를 능히 소멸하는 까닭이며, 셋은 '교묘하게 회향하는 큰 지혜 풍륜'이니 능히 일체 선근을 성취하는 까닭이며, 넷은 '때를 여읜 차별한 장엄을 출생하는 큰 지혜 풍륜'이니 과거에 교화한 바 일체 중생으로 하여금 선근이 청정하여 여래의 샘이 없는 선근의 힘을 성취하게 하는 까닭이다.

여래께서 이와 같이 평등하고 바른 깨달음을 이루시니, 법의 성품이 이와 같아서 내는 이도 없고 짓는 이도 없으나 성취되는 것이다.

불자들이여, 이것이 여래 응정등각께서 출현

여래   여시성등정각   법성   여시   무
如來가 如是成等正覺하시니 法性이 如是하야 無

생무작   이득성취
生無作이나 而得成就니라

불자   시위여래응정등각   출현제일상
佛子야 是爲如來應正等覺의 出現第一相이니

보살마하살   응여시지
菩薩摩訶薩이 應如是知니라

부차불자   비여삼천대천세계   장욕성시
復次佛子야 譬如三千大千世界가 將欲成時에

대운강우   명왈홍주   일체방처   소불
大雲降雨하나니 名曰洪霔라 一切方處의 所不

능수   소불능지   유제대천계장욕성시
能受며 所不能持요 唯除大千界將欲成時인달하니라

하시는 첫째 모양이니, 보살마하살은 마땅히 이와 같이 알아야 한다.

다시 또 불자들이여, 비유하면 삼천대천세계가 장차 이루어지려 할 때에 큰 구름이 비를 내리니 이름이 '억수 장마'이다. 일체 방향의 처소에서 받을 수 없는 바이고 지닐 수도 없는 바이지만, 오직 대천세계가 장차 이루어지려 할 때는 제외된다.

불자들이여, 여래 응정등각도 또한 이와 같아서 큰 법의 구름을 일으켜서 큰 법의 비를 내리니 이름이 '여래출현을 성취함'이다.

불자   여래응정등각   역부여시   흥대법
佛子야 如來應正等覺도 亦復如是하야 興大法

운   우대법우   명성취여래출현
雲하야 雨大法雨하나니 名成就如來出現이라

일체이승   심지협열   소불능수   소불능
一切二乘은 心志狹劣하야 所不能受며 所不能

지   유제제대보살심상속력
持요 唯除諸大菩薩心相續力이니라

불자   시위여래응정등각   출현제이상
佛子야 是爲如來應正等覺의 出現第二相이니

보살마하살   응여시지
菩薩摩訶薩이 應如是知니라

부차불자   비여중생   이업력고   대운강
復次佛子야 譬如眾生이 以業力故로 大雲降

일체 이승은 마음 뜻이 좁고 하열하여 받을 수 없는 바이고 지닐 수도 없는 바이지만, 오직 모든 큰 보살들의 마음으로 서로 계속하는 힘은 제외된다.

불자들이여, 이것이 여래 응정등각께서 출현하시는 둘째 모양이니, 보살마하살은 마땅히 이와 같이 알아야 한다.

다시 또 불자들이여, 비유하면 중생들의 업의 힘인 까닭으로 큰 구름에서 비를 내리되 와도 좇아온 곳이 없고 가도 이를 곳이 없듯이, 여래 응정등각도 또한 이와 같아서 모든

우 　 내무소종 　 거무소지 　 　 여래응정
雨호대 來無所從이며 去無所至인달하야 如來應正

등각 　 역부여시 　 이제보살선근력고 　 흥
等覺도 亦復如是하야 以諸菩薩善根力故로 興

대법운 　 우대법우 　 역무소종래 　 무소
大法雲하야 雨大法雨호대 亦無所從來며 無所

지거
至去니라

불자 　 시위여래응정등각 　 출현제삼상
佛子야 是爲如來應正等覺의 出現第三相이니

보살마하살 　 응여시지
菩薩摩訶薩이 應如是知니라

부차불자 　 비여대운 　 강주대우 　 대천세계
復次佛子야 譬如大雲이 降霔大雨에 大千世界

보살들의 선근의 힘인 까닭으로 큰 법의 구름을 일으켜서 큰 법의 비를 내리되 또한 좇아 온 곳도 없고 가서 이를 곳도 없다.

불자들이여, 이것이 여래 응정등각께서 출현하시는 셋째 모양이니, 보살마하살은 마땅히 이와 같이 알아야 한다.

다시 또 불자들이여, 비유하면 큰 구름이 큰 비를 내림에 대천세계의 일체 중생은 능히 수효를 알지 못하며, 만약 계산하려 하면 한갓 발광케 할 뿐이고, 오직 대천세계의 주인인 마혜수라가 과거에 닦은 선근의 힘으로써 내지

일체중생 무능지수 약욕산계 도령
一切衆生이 無能知數하나니 若欲籌計인댄 徒令

발광 유대천세계주마혜수라 이과거소
發狂이요 唯大千世界主摩醯首羅가 以過去所

수선근력고 내지일적 무불명료
修善根力故로 乃至一滴이라도 無不明了인달하나라

불자 여래응정등각 역부여시 흥대법
佛子야 如來應正等覺도 亦復如是하야 興大法

운 우대법우 일체중생 성문독각 소
雲하야 雨大法雨에 一切衆生과 聲聞獨覺의 所

불능지 약욕사량 심필광란
不能知니 若欲思量인댄 心必狂亂이요

유제일체세간주보살마하살 이과거소수
唯除一切世間主菩薩摩訶薩이 以過去所修

각혜력고 내지일문일구 입중생심 무
覺慧力故로 乃至一文一句라도 入衆生心을 無

한 방울까지도 분명하게 알지 못함이 없다.

불자들이여, 여래 응정등각도 또한 이와 같아서 큰 법의 구름을 일으켜서 큰 법의 비를 내리심에 일체 중생과 성문과 독각은 알 수 없는 것이며, 만약 생각으로 헤아리고자 하면 마음이 반드시 광란하게 된다.

오직 일체 세간의 주인인 보살마하살은 제외되니, 과거에 닦은 바 깨달은 지혜의 힘인 까닭으로 내지 한 글자 한 구절이라도 중생의 마음에 들어가는 것을 분명하게 알지 못함이 없다.

불자들이여, 이것이 여래 응정등각께서 출현

불명료
不明了니라

불자　시위여래응정등각　출현제사상
佛子야 是爲如來應正等覺의 出現第四相이니

보살마하살　응여시지
菩薩摩訶薩이 應如是知니라

부차불자　비여대운강우지시　유대운우
復次佛子야 譬如大雲降雨之時에 有大雲雨하니

명위능멸　능멸화재　유대운우　명위
名爲能滅이라 能滅火災하며 有大雲雨하니 名爲

능기　능기대수　유대운우　명위능지
能起라 能起大水하며 有大雲雨하니 名爲能止라

능지대수　유대운우　명위능성　능성
能止大水하며 有大雲雨하니 名爲能成이라 能成

하시는 넷째 모양이니, 보살마하살은 마땅히
이와 같이 알아야 한다.

다시 또 불자들이여, 비유하면 큰 구름이 비
를 내릴 때에 큰 구름비가 있어 이름을 '능멸'
이라 하니 능히 화재를 소멸하며, 큰 구름비가
있어 이름을 '능기'라 하니 능히 큰 물을 일으
키며, 큰 구름비가 있어 이름을 '능지'라 하니
능히 큰 물을 멈추며, 큰 구름비가 있어 이름
을 '능성'이라 하니 능히 일체 마니 모든 보배
를 이루며, 큰 구름비가 있어 이름을 '분별'이
라 하니 삼천대천세계를 분별한다.

일체마니제보　　유대운우　　명위분별
一切摩尼諸寶하며 有大雲雨하니 名爲分別이라

분별삼천대천세계
分別三千大千世界인달하니라

불자　여래출현　역부여시　홍대법운
佛子야 如來出現도 亦復如是하야 興大法雲하야

우대법우　유대법우　명위능멸　능멸
雨大法雨에 有大法雨하니 名爲能滅이라 能滅

일체중생번뇌　　유대법우　　명위능기
一切衆生煩惱하며 有大法雨하니 名爲能起라

능기일체중생선근
能起一切衆生善根하니라

유대법우　명위능지　능지일체중생견
有大法雨하니 名爲能止라 能止一切衆生見

혹　유대법우　명위능성　능성일체지
惑하며 有大法雨하니 名爲能成이라 能成一切智

불자들이여, 여래께서 출현하심도 또한 이와 같아서 큰 법의 구름을 일으켜 큰 법의 비를 내림에, 큰 법의 비가 있어 이름을 '능멸'이라 하니 일체 중생의 번뇌를 능히 소멸하며, 큰 법의 비가 있어 이름을 '능기'라 하니 일체 중생의 선근을 능히 일으킨다.

큰 법의 비가 있어 이름을 '능지'라 하니 일체 중생의 견혹을 능히 그치며, 큰 법의 비가 있어 이름을 '능성'이라 하니 일체 지혜의 법보를 능히 이루며, 큰 법의 비가 있어 이름을 '분별'이라 하니 일체 중생의 마음에 즐거움을 분별한다.

혜법보　　유대법우　　명위분별　　분별일
慧法寶하며 有大法雨하니 名爲分別이라 分別一

체중생심락
切衆生心樂이니라

불자　시위여래응정등각　　출현제오상
佛子야 是爲如來應正等覺의 出現第五相이니

보살마하살　　응여시지
菩薩摩訶薩이 應如是知니라

부차불자　비여대운　우일미수　　수기소
復次佛子야 譬如大雲이 雨一味水호대 隨其所

우　　무량차별　　　여래출현　역부여
雨하야 無量差別인달하야 如來出現도 亦復如

시　　우어대비일미법수　수의설법　　무
是하야 雨於大悲一味法水호대 隨冝說法하야 無

불자들이여, 이것이 여래 응정등각께서 출현하시는 다섯째 모양이니, 보살마하살은 마땅히 이와 같이 알아야 한다.

다시 또 불자들이여, 비유하면 큰 구름이 한 맛의 물을 비내리되 그 비내릴 곳을 따라서 한량없이 차별하듯이, 여래께서 출현하심도 또한 이와 같아서 대비의 한 맛의 법의 물을 비내리되 마땅함을 따라 법을 설하여 한량없이 차별하다.

불자들이여, 이것이 여래 응정등각께서 출현하시는 여섯째 모양이니, 보살마하살은 마땅

량 차 별
量差別이니라

불 자　시 위 여 래 응 정 등 각　출 현 제 육 상
佛子야 **是爲如來應正等覺**의 **出現第六相**이니

보 살 마 하 살　응 여 시 지
菩薩摩訶薩이 **應如是知**니라

부 차 불 자　비 여 삼 천 대 천 세 계　초 시 성 시
復次佛子야 **譬如三千大千世界**가 **初始成時**에

선 성 색 계 제 천 궁 전　차 성 욕 계 제 천 궁 전
先成色界諸天宮殿하고 **次成欲界諸天宮殿**하고

차 성 어 인　급 여 중 생　제 소 주 처
次成於人과 **及餘衆生**의 **諸所住處**인달하니라

불 자　여 래 출 현　역 부 여 시　선 기 보 살 제
佛子야 **如來出現**도 **亦復如是**하야 **先起菩薩諸**

히 이와 같이 알아야 한다.

다시 또 불자들이여, 비유하면 삼천대천세계가 처음 비로소 이루어질 때에 먼저 형상세계의 모든 하늘 궁전을 이루고, 다음에 욕심세계의 모든 하늘 궁전을 이루고, 다음에 사람과 그리고 다른 중생들의 모든 머무를 처소를 이룬다.

불자들이여, 여래께서 출현하심도 또한 이와 같아서 먼저 보살의 모든 행과 지혜를 일으키고, 다음에 연각의 모든 행과 지혜를 일으키고, 다음에 성문의 선근의 모든 행과 지

행지혜   차 기 연 각 제 행 지 혜   차 기 성 문
行智慧하고 次起緣覺諸行智慧하고 次起聲聞

선 근 제 행 지 혜   차 기 기 여 중 생 유 위 선 근 제
善根諸行智慧하고 次起其餘衆生有爲善根諸

행 지 혜
行智慧하나니라

불 자   비 여 대 운   우 일 미 수   수 제 중 생
佛子야 譬如大雲이 雨一味水호대 隨諸衆生의

선 근 이 고   소 기 궁 전   종 종 부 동   여 래
善根異故로 所起宮殿이 種種不同인달하야 如來

대 비 일 미 법 우   수 중 생 기   이 유 차 별
大悲一味法雨도 隨衆生器하야 而有差別이니라

불 자   시 위 여 래 응 정 등 각   출 현 제 칠 상
佛子야 是爲如來應正等覺의 出現第七相이니

보 살 마 하 살   응 여 시 지
菩薩摩訶薩이 應如是知니라

혜를 일으키고, 다음에 그 나머지 중생들의 함이 있는 선근의 모든 행과 지혜를 일으킨다.

불자들이여, 비유하면 큰 구름이 한 맛의 물을 비내리되 모든 중생들의 선근이 다름을 따르는 까닭으로 일으키는 바 궁전이 갖가지로 같지 않듯이, 여래의 대비하신 한 맛의 법의 비도 중생들의 그릇을 따라서 차별이 있다.

불자들이여, 이것이 여래 응정등각께서 출현하시는 일곱째 모양이니, 보살마하살은 마땅히 이와 같이 알아야 한다.

부차불자　비여세계　초욕성시　유대수
復次佛子야 譬如世界가 初欲成時에 有大水

생　　변만삼천대천세계　생대연화　명
生하야 徧滿三千大千世界하야 生大蓮華하니 名

여래출현공덕보장엄　변부수상　광조
如來出現功德寶莊嚴이라 徧覆水上하야 光照

시방일체세계　시　마혜수라정거천등
十方一切世界어든 時에 摩醯首羅淨居天等이

견시화이　즉결정지어차겁중　유이소불
見是華已하고 即決定知於此劫中에 有爾所佛이

출흥우세
出興于世하나니라

불자　이시기중　유풍륜기　명선정광
佛子야 爾時其中에 有風輪起하니 名善淨光

명　능성색계제천궁전　유풍륜기　명
明이라 能成色界諸天宮殿하며 有風輪起하니 名

다시 또 불자들이여, 비유하면 세계가 처음 이루어지려 할 때에 큰 물이 생겨서 삼천대천세계에 두루 가득하고 큰 연꽃이 나니 이름이 '여래께서 출현하시는 공덕 보배 장엄'이라 물 위를 두루 덮어 빛이 시방의 일체 세계를 비추는데, 그때에 마혜수라 정거천들이 이 꽃을 보고는 곧 이 겁 동안에 그러한 부처님께서 세상에 출현하실 것을 결정코 안다.

불자들이여, 그때 그 가운데 풍륜이 일어나니 이름이 '매우 깨끗한 광명'이며, 형상세계의 모든 하늘 궁전을 능히 이룬다. 풍륜이 일어나니 이름이 '깨끗한 빛 장엄'이며, 욕심

정광장엄　　 능성욕계제천궁전　　 유풍륜
淨光莊嚴이라 能成欲界諸天宮殿하며 有風輪

기　　 명견밀무능괴　　 능성대소제윤위산
起하니 名堅密無能壞라 能成大小諸輪圍山과

금금강산　　 유풍륜기　　 명승고　 능성수
及金剛山하며 有風輪起하니 名勝高라 能成須

미산왕
彌山王하나라

유풍륜기　　 명부동　　 능성십대산왕
有風輪起하니 名不動이라 能成十大山王하나니

하등　위십　소위거타라산　선인산　복마
何等이 爲十고 所謂佉陀羅山과 仙人山과 伏魔

산　대복마산　지쌍산　니민다라산　목진
山과 大伏魔山과 持雙山과 尼民陀羅山과 目眞

린타산　마하목진린타산　향산　설산
隣陀山과 摩訶目眞隣陀山과 香山과 雪山이니라

세계의 모든 하늘 궁전을 능히 이룬다. 풍륜이 일어나니 이름이 '견고하고 빽빽하여 깨뜨릴 수 없음'이며, 크고 작은 모든 윤위산과 금강산을 능히 이룬다. 풍륜이 일어나니 이름이 '수승하고 높음'이며, 수미산왕을 능히 이룬다.

풍륜이 일어나니 이름이 '흔들리지 않음'이며, 열 큰 산왕을 능히 이룬다. 무엇이 열인가? 이른바 거타라산과 선인산과 복마산과 대복마산과 지쌍산과 니민다라산과 목진린타산과 마하목진린타산과 향산과 설산이다.

풍륜이 일어나니 이름이 '편안히 머무름'이며 대지를 능히 이루고, 풍륜이 일어나니 이름

유풍륜기　　명위안주　　능성대지　　유풍
有風輪起하니　名爲安住라　能成大地하며　有風

륜기　　명위장엄　　　능성지천궁전　　용궁
輪起하니　名爲莊嚴이라　能成地天宮殿과　龍宮

전　　건달바궁전　　　유풍륜기　　명무진장
殿과　乾闥婆宮殿하며　有風輪起하니　名無盡藏이라

능성삼천대천세계일체대해　　유풍륜기
能成三千大千世界一切大海하며　有風輪起하니

명보광명장　　　능성삼천대천세계제마니
名普光明藏이라　能成三千大千世界諸摩尼

보　　유풍륜기　　명견고근　　능성일체제
寶하며　有風輪起하니　名堅固根이라　能成一切諸

여의수
如意樹니라

불자　대운소우일미지수　무유분별　　이
佛子야　大雲所雨一味之水가　無有分別호대　以

이 '장엄'이며 땅과 하늘의 궁전과 용의 궁전과 건달바의 궁전을 능히 이루고, 풍륜이 일어나니 이름이 '무진장'이며 삼천대천세계의 일체 큰 바다를 능히 이루고, 풍륜이 일어나니 이름이 '보광명장'이며 삼천대천세계의 모든 마니보배를 능히 이루고, 풍륜이 일어나니 이름이 '견고한 뿌리'이며 일체 모든 뜻과 같은 나무를 능히 이룬다.

불자들이여, 큰 구름에서 내리는 한 맛의 물이 분별이 없지만 중생들의 선근이 같지 않은 까닭으로 풍륜이 같지 않고, 풍륜이 차별한 까닭으로 세계가 차별하다.

중생선근부동고　　풍륜부동　　　풍륜차별고
衆生善根不同故로 風輪不同하며 風輪差別故로

세계차별
世界差別인달하니라

불자　　여래출현　　역부여시　　구족일체선
佛子야 如來出現도 亦復如是하야 具足一切善

근공덕　　　방어무상대지광명　　　명부단여
根功德하사 放於無上大智光明하시니 名不斷如

래종부사의지　　보조시방일체세계　　　여제
來種不思議智라 普照十方一切世界하사 與諸

보살일체여래관정지기　　　당성정각　　　출
菩薩一切如來灌頂之記호대 當成正覺하야 出

흥어세
興於世라하나니라

불자　　여래출현　　부유무상대지광명
佛子야 如來出現에 復有無上大智光明하시니

불자들이여, 여래께서 출현하심도 또한 이와 같아서 일체 선근의 공덕을 구족하여 위없는 큰 지혜 광명을 놓으시니 이름이 '여래의 종성을 끊지 않는 부사의한 지혜'이며, 시방의 일체 세계를 널리 비추고 모든 보살들에게 일체 여래의 관정의 수기를 주되 '마땅히 바른 깨달음을 이루어 세상에 출현하리라'고 한다.

불자들이여, 여래께서 출현하심에 다시 위없는 큰 지혜 광명이 있으니 이름이 '청정하여 때를 여읨'이며, 여래의 샘이 없고 다함이 없는 지혜를 능히 이룬다.

명청정이구　능성여래무루무진지
名淸淨離垢라 能成如來無漏無盡智하니라

부유무상대지광명　　명보조　능성여래
復有無上大智光明하시니 名普照라 能成如來

보입법계부사의지
普入法界不思議智하니라

부유무상대지광명　　명지불종성　능성
復有無上大智光明하시니 名持佛種性이라 能成

여래불경동력
如來不傾動力하니라

부유무상대지광명　　명형출무능괴　능
復有無上大智光明하시니 名迥出無能壞라 能

성여래무외무괴지
成如來無畏無壞智하니라

부유무상대지광명　　명일체신통　능성
復有無上大智光明하시니 名一切神通이라 能成

다시 위없는 큰 지혜 광명이 있으니 이름이 '널리 비춤'이며, 여래께서 법계에 널리 들어가시는 부사의한 지혜를 능히 이룬다.

다시 위없는 큰 지혜 광명이 있으니 이름이 '부처님의 종성을 지님'이며, 여래의 흔들리지 않는 힘을 능히 이룬다.

다시 위없는 큰 지혜 광명이 있으니 이름이 '멀리 뛰어나 깨뜨릴 수 없음'이며, 여래의 두려움 없고 깨뜨릴 수 없는 지혜를 능히 이룬다.

다시 위없는 큰 지혜 광명이 있으니 이름이 '일체 신통'이며, 여래의 모든 함께하지 않는

여래제불공법일체지지
如來諸不共法一切智智하나라

부유무상대지광명　　명출생변화　능성
復有無上大智光明하시니　名出生變化라　能成

여래영견문친근소생선근불실괴지
如來令見聞親近所生善根不失壞智하나라

부유무상대지광명　　명보수순　능성여
復有無上大智光明하시니　名普隨順이라　能成如

래무진복덕지혜지신　　위일체중생　　이
來無盡福德智慧之身하야　爲一切衆生하야　而

작요익
作饒益하나라

부유무상대지광명　　명불가구경　능성
復有無上大智光明하시니　名不可究竟이라　能成

여래심심묘지　　수소개오　　영삼보종
如來甚深妙智하야　隨所開悟하야　令三寶種으로

법인 일체지의 지혜를 능히 이룬다.

다시 위없는 큰 지혜 광명이 있으니 이름이 '변화를 출생함'이며, 여래를 보고 듣고 친근하여 생긴 선근을 잃어버리지 않게 하는 지혜를 능히 이룬다.

다시 위없는 큰 지혜 광명이 있으니 이름이 '널리 수순함'이며, 여래의 다함없는 복덕과 지혜의 몸을 능히 이루어 일체 중생을 위하여 요익을 짓는다.

다시 위없는 큰 지혜 광명이 있으니 이름이 '구경이라 할 수 없음'이며, 여래의 매우 깊은 묘한 지혜를 능히 이루어 깨우치는 바를

영부단절
永不斷絶하니라

부유무상대지광명　　　명종종장엄　　능성
復有無上大智光明하시니 名種種莊嚴이라 能成

여래상호엄신　　　영일체중생　　개생환
如來相好嚴身하야 令一切衆生으로 皆生歡

희
喜하니라

부유무상대지광명　　　명불가괴　　능성여
復有無上大智光明하시니 名不可壞라 能成如

래법계허공계등수승수명　　무유궁진
來法界虛空界等殊勝壽命하야 無有窮盡이니라

불자　　여래대비일미지수　　무유분별
佛子야 如來大悲一味之水는 無有分別이로대

이제중생　　욕락부동　　근성각별　이기종종
以諸衆生의 欲樂不同과 根性各別로 而起種種

따라서 삼보의 종자가 길이 끊어지지 않게 한다.

다시 위없는 큰 지혜 광명이 있으니 이름이 '갖가지 장엄'이며, 여래의 상호로 장엄한 몸을 능히 이루어 일체 중생으로 하여금 모두 환희케 한다.

다시 위없는 큰 지혜 광명이 있으니 이름이 '깨뜨릴 수 없음'이며, 여래의 법계와 허공계와 같이 수승한 수명을 능히 이루어 끝까지 다함이 없다.

불자들이여, 여래의 대비하신 한 맛의 물은 분별이 없지만, 모든 중생들의 욕락이 같지 않

대지풍륜　　영제보살　　성취여래출현지
大智風輪하야 令諸菩薩로 成就如來出現之

법
法하나니라

불자　 일체여래　 동일체성　 대지륜중　 출
佛子야 一切如來가 同一體性인 大智輪中에 出

생종종지혜광명
生種種智慧光明이시니라

불자　 여등　 응지　　 여래　 어일해탈미
佛子야 汝等은 應知하라 如來가 於一解脫味에

출생무량불가사의종종공덕　　중생　 염
出生無量不可思議種種功德이어든 衆生이 念

언　　차시여래신력소조　　　불자　 차비
言호대 此是如來神力所造라하나니 佛子야 此非

여래신력소조
如來神力所造니라

고 근성이 각각 다르므로 갖가지 큰 지혜의 풍륜을 일으켜 모든 보살들로 하여금 여래께서 출현하시는 법을 성취하게 한다.

불자들이여, 일체 여래께서 동일한 자체 성품인 큰 지혜 바퀴 가운데 갖가지 지혜 광명을 내신다.

불자들이여, 그대들은 마땅히 알아야 한다. 여래께서 한 해탈의 맛에서 한량없고 불가사의한 갖가지 공덕을 내시는데, 중생들이 생각하여 말하기를 '이것은 여래의 위신력으로 짓는 것이다'라고 하거니와, 불자들이여, 이것은 여래의 위신력으로 짓는 것이 아니다.

불자 내지일보살 불어불소 증종선근
佛子야 乃至一菩薩도 不於佛所에 曾種善根하고

능득여래소분지혜 무유시처 단이제불
能得如來少分智慧가 無有是處니 但以諸佛

위덕력고 영제중생 구불공덕 이불
威德力故로 令諸衆生으로 具佛功德호대 而佛

여래 무유분별 무성무괴 무유작자
如來는 無有分別이며 無成無壞며 無有作者며

역무작법
亦無作法이니라

불자 시위여래응정등각 출현제팔상
佛子야 是爲如來應正等覺의 出現第八相이니

보살마하살 응여시지
菩薩摩訶薩이 應如是知니라

불자들이여, 내지 한 보살이라도 부처님 처소에서 일찍이 선근을 심지 않고서 여래의 작은 부분의 지혜라도 능히 얻는다는 것은 옳은 도리가 아니다. 단지 모든 부처님의 위덕의 힘으로써 모든 중생들로 하여금 부처님의 공덕을 갖추게 하지만 부처님 여래께서는 분별이 없으며, 이룸도 없고 깨뜨림도 없으며, 짓는 자도 없으며, 또한 지을 법도 없다.

불자들이여, 이것이 여래 응정등각께서 출현하시는 여덟째 모양이니, 보살마하살은 마땅히 이와 같이 알아야 한다.

부차불자　여의허공기사풍륜　　능지수
復次佛子야 如依虛空起四風輪하야 能持水

륜
輪하나니라

하등　위사　일　명안주　이　명상주　삼
何等이 爲四오 一은 名安住요 二는 名常住요 三은

명구경　　사　명견고
名究竟이요 四는 名堅固라

차사풍륜　능지수륜　　수륜　능지대지
此四風輪이 能持水輪하고 水輪이 能持大地하야

영불산괴　　　시고　설지륜　의수륜　수
令不散壞일새니라 是故로 說地輪이 依水輪하고 水

륜　의풍륜　풍륜　의허공　허공　무소
輪이 依風輪하고 風輪이 依虛空하고 虛空은 無所

의　수무소의　능령삼천대천세계　이득안
依니 雖無所依나 能令三千大千世界로 而得安

다시 또 불자들이여, 마치 허공을 의지하여 네 가지 풍륜을 일으켜서 수륜을 능히 지니게 함과 같다.

무엇을 네 가지라 하는가? 하나는 이름이 '편안히 머무름'이고, 둘은 이름이 '항상 머무름'이고, 셋은 이름이 '끝까지 이름'이고, 넷은 이름이 '견고함'이다.

이 네 풍륜은 수륜을 능히 지니고, 수륜은 대지를 능히 지니어 흩어지고 무너지지 않게 한다. 그러므로 '지륜은 수륜을 의지하고, 수륜은 풍륜을 의지하고, 풍륜은 허공을 의지하고, 허공은 의지하는 바가 없다'라고 말하니,

주
住인달하니라

불자   여래출현   역부여시   의무애혜광
佛子야 如來出現도 亦復如是하야 依無礙慧光

명   기불사종대지풍륜   능지일체중생
明하사 起佛四種大智風輪하야 能持一切衆生

선근
善根하나니라

하등   위사   소위보섭중생   개령환희대지
何等이 爲四오 所謂普攝衆生하야 皆令歡喜大智

풍륜   건립정법   영제중생   개생애락
風輪과 建立正法하야 令諸衆生으로 皆生愛樂

대지풍륜   수호일체중생선근대지풍륜
大智風輪과 守護一切衆生善根大智風輪과

구일체방편   통달무루계대지풍륜   시
具一切方便하야 通達無漏界大智風輪이니 是

비록 의지하는 바가 없으나 능히 삼천대천세계가 편안히 머무르게 한다.

불자들이여, 여래께서 출현하심도 또한 이와 같아서 걸림 없는 지혜 광명을 의지하여 부처님의 네 가지 큰 지혜 풍륜을 일으켜서 일체 중생의 선근을 능히 지니게 한다.

무엇이 넷인가? 이른바 '중생들을 널리 거두어 모두 환희하게 하는 큰 지혜 풍륜'과, '바른 법을 세워서 모든 중생들로 하여금 다 사랑하고 좋아함을 내게 하는 큰 지혜 풍륜'과, '일체 중생의 선근을 수호하는 큰 지혜 풍륜'과, '일체 방편을 갖추어 샘이 없는 경계를 통

위사
爲四라

불자   제불세존   대자구호일체중생
佛子야 諸佛世尊이 大慈救護一切衆生하시며

대비도탈일체중생   대자대비   보변요익
大悲度脫一切衆生하사 大慈大悲로 普徧饒益이나

연   대자대비   의대방편선교   대방편선
然이나 大慈大悲는 依大方便善巧요 大方便善

교   의여래출현   여래출현   의무애혜광
巧는 依如來出現이요 如來出現은 依無礙慧光

명   무애혜광명   무유소의
明이요 無礙慧光明은 無有所依니라

불자   시위여래응정등각   출현제구상
佛子야 是爲如來應正等覺의 出現第九相이니

보살마하살   응여시지
菩薩摩訶薩이 應如是知니라

달하는 큰 지혜 풍륜'이다. 이것이 넷이다.

불자들이여, 모든 부처님 세존께서 대자로 일체 중생을 구호하고, 대비로 일체 중생을 제도하여 해탈시키고, 대자대비로 널리 두루 이익되게 하신다. 그러나 대자대비는 큰 방편 선교를 의지하고, 큰 방편 선교는 여래출현을 의지하고, 여래출현은 걸림 없는 지혜 광명을 의지하고, 걸림 없는 지혜 광명은 의지하는 바가 없다.

불자들이여, 이것이 여래 응정등각께서 출현하시는 아홉째 모양이니, 보살마하살은 마땅히 이와 같이 알아야 한다.

부차불자　비여삼천대천세계　기성취이
復次佛子야 譬如三千大千世界가 旣成就已에

요익무량종종중생　　소위수족중생　득
饒益無量種種衆生하나니 所謂水族衆生은 得

수요익　육지중생　득지요익　궁전중
水饒益하고 陸地衆生은 得地饒益하고 宮殿衆

생　득궁전요익　허공중생　득허공요
生은 得宮殿饒益하고 虛空衆生은 得虛空饒

익
益인달하니라

여래출현　역부여시　종종요익무량중
如來出現도 亦復如是하야 種種饒益無量衆

생
生하나니라

소위견불생환희자　득환희익　주정계자
所謂見佛生歡喜者는 得歡喜益하고 住淨戒者는

다시 또 불자들이여, 비유하면 삼천대천세계가 이미 성취되고는 한량없는 갖가지 중생들을 요익케 한다. 이른바 물의 중생은 물의 요익을 얻고, 육지의 중생은 땅의 요익을 얻고, 궁전의 중생은 궁전의 요익을 얻고, 허공의 중생은 허공의 요익을 얻는다.

여래께서 출현하심도 또한 이와 같아서 갖가지로 한량없는 중생들을 요익케 한다.

이른바 부처님을 친견하고 환희하는 자는 환희하는 이익을 얻고, 깨끗한 계에 머무르는 자는 깨끗한 계의 이익을 얻고, 모든 선정과 그리고 한량없음에 머무르는 자는 성인이 출

득정계익　　주제선정　　급무량자　　득성출
得淨戒益하고 住諸禪定과 及無量者는 得聖出

세대신통익
世大神通益하니라

주법문광명자　　득인과불괴익　　주무소유
住法門光明者는 得因果不壞益하고 住無所有

광명자　　득일체법불괴익
光明者는 得一切法不壞益이라

시고　　설언여래출현　　요익일체무량중
是故로 說言如來出現에 饒益一切無量衆

생
生이니라

불자　시위여래응정등각　출현제십상
佛子야 是爲如來應正等覺의 出現第十相이니

보살마하살　응여시지
菩薩摩訶薩이 應如是知니라

세하는 큰 신통의 이익을 얻는다.

법문의 광명에 머무르는 자는 인과가 무너지지 않는 이익을 얻고, 무소유의 광명에 머무르는 자는 일체 법이 무너지지 않는 이익을 얻는다.

그러므로 여래출현은 일체 한량없는 중생들을 요익케 한다고 말하는 것이다.

불자들이여, 이것이 여래 응정등각께서 출현하시는 열째 모양이니, 보살마하살은 마땅히 이와 같이 알아야 한다.

불자들이여, 보살마하살이 여래께서 출현하

불자 보살마하살 지여래출현 즉지무
佛子야 菩薩摩訶薩이 知如來出現하면 則知無

량 지성취무량행고 즉지광대 지주변
量이니 知成就無量行故며 則知廣大니 知周徧

시방고 즉지무래거 지리생주멸고
十方故며 則知無來去니 知離生住滅故니라

즉지무행무소행 지리심의식고 즉지무
則知無行無所行이니 知離心意識故며 則知無

신 지여허공고 즉지평등 지일체중
身이니 知如虛空故며 則知平等이니 知一切衆

생 개무아고
生이 皆無我故니라

즉지무진 지변일체찰무유진고 즉지무
則知無盡이니 知徧一切刹無有盡故며 則知無

퇴 지진후제무단절고 즉지무괴 지여래
退니 知盡後際無斷絶故며 則知無壞니 知如來

심을 알면 곧 한량없음을 아니, 한량없는 행을 성취함을 아는 까닭이다. 곧 광대함을 아니, 시방에 두루함을 아는 까닭이다. 곧 오고 감이 없음을 아니, 나고 머무르고 사라짐을 여읜 줄 아는 까닭이다.

곧 행함도 없고 행할 바도 없음을 아니, 마음과 뜻과 의식을 여읜 줄 아는 까닭이다. 곧 몸이 없음을 아니, 허공과 같음을 아는 까닭이다. 곧 평등함을 아니, 일체 중생이 모두 '나'가 없음을 아는 까닭이다.

곧 다함이 없음을 아니, 일체 세계에 두루하여 다함이 없음을 아는 까닭이다. 곧 물러남

지　무유대고
智가 無有對故니라

즉지무이　　지평등관찰위무위고　　즉지일
則知無二니 知平等觀察爲無爲故며 則知一

체중생　　개득요익　　　본원회향　　자재만
切衆生이 皆得饒益이니 本願迴向하야 自在滿

족고
足故니라

이시　　보현보살마하살　　욕중명차의　　　이
爾時에 普賢菩薩摩訶薩이 欲重明此義하사 而

설송언
說頌言하시니라

이 없음을 아니, 뒷 시절이 다하도록 단절됨이 없음을 아는 까닭이다. 곧 무너짐이 없음을 아니, 여래의 지혜는 상대가 없음을 아는 까닭이다.

곧 둘이 없음을 아니, 함과 함이 없음을 평등하게 관찰할 줄 아는 까닭이다. 곧 일체 중생이 모두 이익 얻음을 아니, 본래 서원을 회향하여 자재하게 만족하는 까닭이다."

그때에 보현 보살마하살이 이 뜻을 거듭 밝히려고 게송을 설하여 말씀하였다.

십력대웅최무상
十力大雄最無上이

비여허공무등등
譬如虛空無等等하사

경계광대불가량
境界廣大不可量이며

공덕제일초세간
功德第一超世間이로다

십력공덕무변량
十力功德無邊量하사

심의사량소불급
心意思量所不及이니

인중사자일법문
人中師子一法門을

중생억겁막능지
衆生億劫莫能知로다

시방국토쇄위진
十方國土碎爲塵은

혹유산계지기수
或有籌計知其數어니와

여래일모공덕량
如來一毛功德量은

천만억겁무능설
千萬億劫無能說이로다

십력의 크신 영웅 가장 위없는 분이시여!
비유하면 허공처럼 같음이 없이 같으셔서
경계가 광대하여 헤아릴 수 없으니
공덕이 제일이며 세간을 초월하셨도다.

십력의 공덕은 가없고 한량이 없어
마음과 뜻과 사량으로 미치지 못할 바이니
사람 가운데 사자의 한 법문을
중생들은 억 겁에도 능히 알지 못하도다.

시방의 국토를 부수어 만든 티끌은
혹 계산하여 그 수효를 알 수 있어도
여래의 한 털끝만 한 공덕의 양은
천만억 겁 동안에도 설할 수 없도다.

여인지척량허공
如人持尺量虛空이어든

부유수행계기수
復有隨行計其數호대

허공변제불가득
虛空邊際不可得하야

여래경계역여시
如來境界亦如是로다

혹유능어찰나경
或有能於刹那頃에

실지삼세중생심
悉知三世衆生心이어니와

설경중생수등겁
設經衆生數等劫이라도

불능지불일념성
不能知佛一念性이로다

비여법계변일체
譬如法界徧一切호대

불가견취위일체
不可見取爲一切인달하야

십력경계역부연
十力境界亦復然하야

변어일체비일체
徧於一切非一切로다

어떤 사람이 자를 들고 허공을 재는데
또 어떤 이가 따라가며 그 수효를 세어도
허공의 끝을 찾을 수 없듯이
여래의 경계도 또한 이와 같도다.

혹 어떤 이가 능히 찰나 동안에
삼세 중생들의 마음을 다 알아도
설령 중생 수와 같은 겁을 지낼지라도
부처님의 한 순간 성품은 알 수 없도다.

비유하면 법계가 일체에 두루하지만
보고 일체라고 할 수 없듯이
십력의 경계도 또한 그러하여
일체에 두루하나 일체가 아니로다.

진여이망항적정
眞如離妄恒寂靜하야

무생무멸보주변
無生無滅普周徧하니

제불경계역부연
諸佛境界亦復然하야

체성평등부증감
體性平等不增減이로다

비여실제이비제
譬如實際而非際라

보재삼세역비보
普在三世亦非普인달하야

도사경계역여시
導師境界亦如是하야

변어삼세개무애
徧於三世皆無礙로다

법성무작무변역
法性無作無變易이

유여허공본청정
猶如虛空本清淨하니

제불성정역여시
諸佛性淨亦如是하야

본성비성이유무
本性非性離有無로다

진여는 허망함을 떠나 항상 적정하여
남도 없고 멸함도 없이 널리 두루하니
모든 부처님의 경계도 또한 그러하여
자체 성품이 평등하여 늘거나 줄지 않도다.

비유하면 실제라도 실제가 아니며
널리 삼세에 있으나 또한 두루하지 않듯이
도사의 경계도 또한 이와 같아서
삼세에 두루하나 모두 걸림이 없도다.

법의 성품은 지음도 없고 변하여 바뀌지도 않아
마치 허공이 본래 청정하듯이
모든 부처님의 성품이 청정함도 이와 같아서
본 성품은 성품이 아니라 유와 무를 떠났도다.

법성부재어언론
法性不在於言論이라

무설이설항적멸
無說離說恒寂滅하니

십력경계성역연
十力境界性亦然하야

일체문사막능변
一切文辭莫能辯이로다

요지제법성적멸
了知諸法性寂滅이

여조비공무유적
如鳥飛空無有迹호대

이본원력현색신
以本願力現色身일새

영견여래대신변
令見如來大神變이로다

약유욕지불경계
若有欲知佛境界인댄

당정기의여허공
當淨其意如虛空이니

원리망상급제취
遠離妄想及諸取하야

영심소향개무애
令心所向皆無礙어다

법의 성품은 언론에 있지 아니하니
말이 없고 말을 떠나 항상 고요해
십력의 경계와 성품도 또한 그러하여
일체의 글과 말로 변별할 수 없도다.

모든 법이 자성이 적멸해서 새가 허공에 나르매
자취가 없는 것과 같음을 분명히 알지만
본래 서원의 힘으로 색신을 나타내어
여래의 큰 신통 변화를 보게 하시도다.

만약 어떤 이가 부처님의 경계를 알고자 하면
마땅히 그 뜻을 맑게 하기를 허공과 같이 하여
망상과 모든 집착을 멀리 여의고
마음이 향하는 곳이 다 걸림 없게 할지어다.

시고불자응선청
是故佛子應善聽하라

아이소비명불경
我以少譬明佛境호니

십력공덕불가량
十力功德不可量이로대

위오중생금약설
爲悟衆生今略說이로다

도사소현어신업
導師所現於身業과

어업심업제경계
語業心業諸境界와

전묘법륜반열반
轉妙法輪般涅槃과

일체선근아금설
一切善根我今說이로다

비여세계초안립
譬如世界初安立에

비일인연이가성
非一因緣而可成이요

무량방편제인연
無量方便諸因緣으로

성차삼천대천계
成此三千大千界인달하야

그러므로 불자들은 마땅히 잘 들으라.
내가 작은 비유로 부처님 경계를 밝히리니
십력의 공덕을 헤아릴 수 없으나
중생들을 깨우치기 위해 이제 간략히 설하리라.

도사께서 나타내신 몸의 업과
말의 업과 마음의 업과 모든 경계와
묘한 법륜을 굴리고 열반에 드시는
일체의 선근을 내가 이제 설하리라.

비유하면 세계가 처음 안립할 때에
한 인연으로 이루어진 것이 아니고
한량없는 방편과 모든 인연으로
이 삼천대천세계를 이루었듯이

여래출현역여시
如來出現亦如是하사

무량공덕내득성
無量功德乃得成이니

찰진심념상가지
刹塵心念尙可知어니와

십력생인막능측
十力生因莫能測이로다

비여겁초운주우
譬如劫初雲澍雨에

이기사종대풍륜
而起四種大風輪하니

중생선근보살력
衆生善根菩薩力으로

성차삼천각안주
成此三千各安住인달하야

십력법운역여시
十力法雲亦如是하야

기지풍륜청정의
起智風輪清淨意하고

석소회향제중생
昔所迴向諸衆生을

보도영성무상과
普導令成無上果로다

여래께서 출현하심도 이와 같아서

한량없는 공덕으로 이루어졌으니

세계의 티끌 같은 마음은 오히려 알 수 있으나

십력의 생긴 인연은 헤아릴 수 없도다.

비유하면 겁의 처음에 구름이 비를 내림에

네 가지 큰 풍륜을 일으키니

중생의 선근과 보살의 힘으로

이 삼천세계를 이루어 각각 안주하듯이

십력의 법의 구름도 이와 같아서

지혜의 풍륜과 청정한 뜻을 일으켜

옛적에 회향한 바 모든 중생들을

널리 인도하여 위없는 과를 이루게 하도다.

여유대우명홍주
如有大雨名洪澍라

무유처소능용수
無有處所能容受요

유제세계장성시
唯除世界將成時에

청정허공대풍력
清淨虛空大風力인달하야

여래출현역여시
如來出現亦如是하사

보우법우충법계
普雨法雨充法界하니

일체열의무능지
一切劣意無能持요

유제청정광대심
唯除清淨廣大心이로다

비여공중주대우
譬如空中澍大雨에

무소종래무소거
無所從來無所去며

작자수자실역무
作者受者悉亦無호대

자연여시보충흡
自然如是普充洽인달하야

큰비가 있으니 이름이 '억수 장마'라
능히 수용할 바 처소가 없지만
오직 세계가 장차 이루어지려 할 때
청정한 허공의 큰 풍력은 제외되듯이

여래께서 출현하심도 이와 같아서
법의 비를 널리 내려 법계에 가득하니
일체 용렬한 뜻으로는 지닐 수 없지만
오직 청정하고 광대한 마음은 제외되도다.

비유하면 허공에서 큰비를 내림에
좇아온 곳도 없고 간 곳도 없으며
짓는 자도 받는 자도 다 또한 없지만
자연히 이와 같이 널리 흡족하듯이

십력법우역여시
十力法雨亦如是하야

무거무래무조작
無去無來無造作이라

본행위인보살력
本行爲因菩薩力이니

일체대심함청수
一切大心咸聽受로다

비여공운주대우
譬如空雲澍大雨에

일체무능수기적
一切無能數其滴이요

유제삼천자재왕
唯除三千自在王이

구공덕력실명료
具功德力悉明了인달하야

선서법우역여시
善逝法雨亦如是하야

일체중생막능측
一切衆生莫能測이요

유제어세자재인
唯除於世自在人이

명견여관장중보
明見如觀掌中寶로다

십력의 법의 비도 또한 이와 같아서
감도 없고 옴도 없고 지음도 없지만
본래 행이 원인되어 보살 힘으로
일체 큰마음 가진 이는 다 듣고 받도다.

비유하면 허공의 구름이 큰비를 내림에
일체가 그 빗방울을 셀 수 없지만
오직 삼천세계 자재천왕이 공덕의 힘을 갖추어
다 밝게 아는 것은 제외되듯이

선서의 법의 비도 이와 같아서
일체 중생은 능히 헤아리지 못하지만
오직 세상에 자재한 사람이 손바닥 안의
보배를 보듯이 밝게 보는 것은 제외되도다.

비여공운주대우
譬如空雲澍大雨에

능멸능기역능단
能滅能起亦能斷하며

일체진보실능성
一切珍寶悉能成하며

삼천소유개분별
三千所有皆分別인달하야

십력법우역여시
十力法雨亦如是하야

멸혹기선단제견
滅惑起善斷諸見하며

일체지보개사성
一切智寶皆使成하며

중생심락실분별
衆生心樂悉分別이로다

비여공중우일미
譬如空中雨一味에

수기소우각부동
隨其所雨各不同이나

기피우성유분별
豈彼雨性有分別가

연수물이법여시
然隨物異法如是인달하야

비유하면 허공의 구름이 큰비를 내림에
능히 없애고 능히 일으키고 또한 능히 끊으며
일체 진귀한 보배를 모두 능히 만들고
삼천세계에 있는 것을 다 분별하듯이

십력의 법의 비도 이와 같아서
미혹을 없애고 선을 일으켜 모든 소견을 끊으며
일체 지혜 보배를 다 이루게 하고
중생들 마음에 즐겨함을 다 분별하도다.

비유하면 공중에서 내리는 비는 한 맛이지만
그 비 내릴 곳을 따라 각각 같지 않으니
어찌 그 비의 성품에 분별이 있으리오마는
그러나 만물이 다름을 따라 법도 이와 같듯이

여래법우비일이
如來法雨非一異라

평등적정이분별
平等寂靜離分別이나

연수소화종종수
然隨所化種種殊하야

자연여시무변상
自然如是無邊相이로다

비여세계초성시
譬如世界初成時에

선성색계천궁전
先成色界天宮殿하며

차급욕천차인처
次及欲天次人處하며

건달바궁최후성
乾闥婆宮最後成인달하야

여래출현역여시
如來出現亦如是하사

선기무변보살행
先起無邊菩薩行하며

차화락적제연각
次化樂寂諸緣覺하며

차성문중후중생
次聲聞衆後衆生이로다

여래의 법의 비도 같지도 다르지도 않아서
평등하고 적정하여 분별을 여의었지만
그러나 교화할 바가 갖가지로 다름을 따라
자연히 이와 같이 가없는 모양이로다.

비유하면 세계가 처음 이루어질 때
먼저 형상세계의 하늘 궁전이 이루어지고
다음에 욕심 하늘 다음에 인간의 처소
건달바의 궁전은 최후에 이루어지듯이

여래께서 출현하심도 이와 같아서
먼저 가없는 보살행을 일으키시고
다음에 고요함을 즐기는 모든 연각들
다음에 성문대중 뒤에 중생들을 교화하시도다.

제천초견연화서
諸天初見蓮華瑞하고

지불당출생환희
知佛當出生歡喜하나니

수연풍력기세간
水緣風力起世間하야

궁전산천실성립
宮殿山川悉成立이로다

여래숙선대광명
如來宿善大光明으로

교별보살여기기
巧別菩薩與其記하시니

소유지륜체개정
所有智輪體皆淨하야

각능개시제불법
各能開示諸佛法이로다

비여수림의지유
譬如樹林依地有하며

지의어수득불괴
地依於水得不壞하며

수륜의풍풍의공
水輪依風風依空호대

이기허공무소의
而其虛空無所依인달하야

모든 천신들이 연꽃의 상서를 처음 보고서
부처님께서 곧 출현하실 것을 알고 환희하니
물의 연과 바람의 힘으로 세간을 일으켜
궁전과 산천이 모두 생기도다.

여래께서 옛적 선근의 큰 광명으로
보살들을 공교히 분별하여 수기를 주시니
있는 바 지혜 바퀴 체성이 모두 청정하여
각각 모든 부처님 법을 능히 열어 보이도다.

비유하면 나무숲은 땅을 의지해 있고
땅은 물을 의지해 무너지지 않으며
수륜은 바람을 의지하고 바람은 허공을 의지하되
그러나 그 허공은 의지하는 바가 없듯이

일체불법의자비
一切佛法依慈悲하며

자비부의방편립
慈悲復依方便立하며

방편의지지의혜
方便依智智依慧호대

무애혜신무소의
無礙慧身無所依로다

비여세계기성립
譬如世界既成立에

일체중생획기리
一切衆生獲其利하나니

지수소주급공거
地水所住及空居와

이족사족개몽익
二足四足皆蒙益인달하야

법왕출현역여시
法王出現亦如是하사

일체중생획기리
一切衆生獲其利하나니

약유견문급친근
若有見聞及親近이면

실사멸제제혹뇌
悉使滅除諸惑惱로다

일체 부처님 법은 자비를 의지하고
자비는 다시 방편을 의지해 있고
방편은 지를 의지하고 지는 혜를 의지하되
걸림 없는 혜의 몸은 의지하는 바가 없도다.

비유하면 세계가 이미 성립함에
일체 중생이 그 이익을 얻으니
땅과 물에 사는 것과 허공에 사는 것과
두 발과 네 발의 중생들이 모두 이익을 받듯이

법왕께서 출현하심도 이와 같아서
일체 중생이 그 이익을 얻으니
만약 보고 듣고 친근하면
모든 미혹과 고뇌를 다 멸하여 없애게 하시도다.

여래출현법무변　　　세간미혹막능지
如來出現法無邊이어늘 **世間迷惑莫能知**일새

위욕개오제함식　　　무비유중설기비
爲欲開悟諸含識하야 **無譬諭中說其譬**로다

불자　제보살마하살　　응운하견여래응정
佛子야 **諸菩薩摩訶薩**이 **應云何見如來應正**

등각신
等覺身고

불자　제보살마하살　　응어무량처　　견여래
佛子야 **諸菩薩摩訶薩**이 **應於無量處**에 **見如來**

신　　　하이고　　제보살마하살　　불응어일법
身이니 **何以故**오 **諸菩薩摩訶薩**이 **不應於一法**

여래께서 출현하시는 법이 가없는데
세간은 미혹하여 능히 알지 못하니
모든 중생들을 깨우치려고
비유가 없는 가운데 그 비유를 설하였도다.

"불자들이여, 모든 보살마하살들은 마땅히
어떻게 여래 응정등각의 몸을 보아야 하는가?

불자들이여, 모든 보살마하살들은 마땅히
한량없는 곳에서 여래의 몸을 보아야 한다.
왜냐하면 모든 보살마하살들은 마땅히 한 법
이나 한 일이나 한 몸이나 한 국토나 한 중생
에게서 여래를 보지 않아야 하고, 마땅히 일

일사일신일국토일중생　　　견어여래　　　응변
一事一身一國土一衆生에 見於如來요 應徧

일체처　　　견어여래
一切處하야 見於如來니라

불자　　비여허공　　변지일체색비색처　　　비
佛子야 譬如虛空이 徧至一切色非色處호대 非

지비부지　　하이고　　허공　　무신고
至非不至니 何以故오 虛空은 無身故인달하니라

여래신　　역여시　　변일체처　　변일체중
如來身도 亦如是하사 徧一切處하며 徧一切衆

생　　변일체법　　변일체국토　　비지비부
生하며 徧一切法하며 徧一切國土호대 非至非不

지
至니라

체 처에 두루하여 여래를 보아야 한다.

　불자들이여, 비유하면 허공이 일체 물질과 물질 아닌 곳에 두루 이르지만 이르는 것도 아니고 이르지 않는 것도 아니다. 왜냐하면 허공은 몸이 없는 까닭이다.

　여래의 몸도 또한 이와 같아서 일체 처에 두루하며, 일체 중생에게 두루하며, 일체 법에 두루하며, 일체 국토에 두루하되, 이르는 것도 아니고 이르지 않는 것도 아니다.

　왜냐하면 여래의 몸은 몸이 없는 까닭이니, 중생을 위한 까닭으로 그 몸을 나타내 보이신

하이고　여래신　무신고　위중생고　시현
何以故오 如來身은 無身故니 爲衆生故로 示現

기신
其身이니라

불자　시위여래신제일상　　제보살마하살
佛子야 是爲如來身第一相이니 諸菩薩摩訶薩이

응여시견
應如是見이니라

부차불자　비여허공　관광비색　　　이능
復次佛子야 譬如虛空이 寬廣非色이로대 而能

현현일체제색　　이피허공　무유분별
顯現一切諸色이나 而彼虛空은 無有分別하며

역무희론
亦無戲論인달하니라

다.

불자들이여, 이것이 여래 몸의 첫째 모양이
니, 모든 보살마하살들은 마땅히 이와 같이
보아야 한다.

다시 또 불자들이여, 비유하면 허공이 넓고
형상이 아니지만 일체 모든 형상을 능히 나타
내면서도 저 허공은 분별이 없고 또한 희론도
없다.

여래의 몸도 또한 이와 같아서 지혜의 광명
을 널리 밝게 비추는 까닭으로 일체 중생으로
하여금 세간과 출세간의 모든 선근의 업을 다

여래신　　역부여시　　이지광명보조명고
如來身도　亦復如是하사　以智光明普照明故로

영일체중생　　세출세간제선근업　　개득성
令一切衆生으로　世出世間諸善根業이　皆得成

취　　　이여래신　　무유분별　　역무희론
就호대　而如來身은　無有分別하며　亦無戲論이니라

하이고　　종본이래　　일체집착　　일체희론
何以故오　從本已來로　一切執著과　一切戲論이

개영단고
皆永斷故니라

불자　　시위여래신제이상　　제보살마하살
佛子야　是爲如來身第二相이니　諸菩薩摩訶薩이

응여시견
應如是見이니라

성취케 하면서도 여래의 몸은 분별이 없고 또한 희론도 없다. 왜냐하면 본래부터 일체 집착과 일체 희론을 다 길이 끊은 까닭이다.

불자들이여, 이것이 여래 몸의 둘째 모양이니, 모든 보살마하살들은 마땅히 이와 같이 보아야 한다.

다시 또 불자들이여, 비유하면 해가 염부제에 뜸에 한량없는 중생들이 모두 이익을 얻는다. 이른바 어둠을 깨뜨려 밝게 하며, 젖은 것을 마르게 하며, 초목을 나서 자라게 하며, 곡식을 성숙케 하며, 허공을 환히 트이게 하며,

부차불자　비여일출어염부제　무량중생
復次佛子야　譬如日出於閻浮提에　無量衆生이

개득요익　　소위파암작명　　변습령조
皆得饒益하나니　所謂破闇作明하며　變溼令燥하며

생장초목　　성숙곡가　　확철허공　　개부
生長草木하며　成熟穀稼하며　廓徹虛空하며　開敷

연화　　행자견도　　거자판업　　하이고
蓮華하며　行者見道하며　居者辦業이니라　何以故오

일륜　보방무량광고
日輪이　普放無量光故인달하니라

불자　여래지일　역부여시　이무량사
佛子야　如來智日도　亦復如是하사　以無量事로

보익중생
普益衆生하나니라

소위멸악생선　　파우위지　　대자구호
所謂滅惡生善하며　破愚爲智하며　大慈救護하고

연꽃을 피게 하며, 보행자는 길을 보게 하며, 집에 있는 자는 업에 힘쓰게 한다. 왜냐하면 태양이 한량없는 광명을 널리 놓는 까닭이다.

불자들이여, 여래 지혜의 해도 또한 이와 같아서 한량없는 일로 중생들을 널리 이익케 한다.

이른바 악을 없애고 선을 내며, 어리석음을 깨뜨리고 지혜가 되게 하며, 대자로 구호하고 대비로 제도하여 해탈케 한다. 그들로 하여금 근과 력과 깨달음의 분을 증장하게 하며, 깊은 신심을 내어 흐린 마음을 버려 여의게 한다.

대비도탈　　영기증장근력각분　　영생심
大悲度脫하며　令其增長根力覺分하며　令生深

신　　사리탁심
信하야　捨離濁心하니라

영득견문　　불괴인과　　영득천안　　견몰
令得見聞하야　不壞因果하며　令得天眼하야　見歿

생처　　영심무애　　불괴선근　　영지수명
生處하며　令心無礙하야　不壞善根하며　令智修明하야

개부각화　　영기발심　　성취본행
開敷覺華하며　令其發心하야　成就本行이니라

하이고　　여래광대지혜일신　　방무량광
何以故오　如來廣大智慧日身이　放無量光하야

보조요고
普照耀故니라

불자　시위여래신제삼상　　제보살마하살
佛子야　是爲如來身第三相이니　諸菩薩摩訶薩이

보고 들어서 원인과 결과를 깨뜨리지 않게 하며, 천안을 얻어서 죽고 태어나는 곳을 보게 하며, 마음이 걸림이 없어서 선근을 무너뜨리지 않게 하며, 지혜를 닦아 밝혀서 깨달음의 꽃을 피게 하며, 그들로 하여금 발심하여 본래의 행을 성취케 한다.

무슨 까닭인가? 여래의 광대한 지혜 해의 몸이 한량없는 광명을 놓아 널리 밝게 비추는 까닭이다.

불자들이여, 이것이 여래 몸의 셋째 모양이니, 모든 보살마하살들은 마땅히 이와 같이 보아야 한다.

응 여 시 견
應如是見이니라

부차불자　비여일출어염부제　선조일체
復次佛子야 譬如日出於閻浮提에 先照一切

수미산등제대산왕　차조흑산　차조고
須彌山等諸大山王하고 次照黑山하고 次照高

원　연후보조일체대지　일부작념　아
原하고 然後普照一切大地나 日不作念호대 我

선조차　후조어피　단이산지　유고하
先照此하고 後照於彼언마는 但以山地가 有高下

고　조유선후
故로 照有先後인달하니라

여래응정등각　역부여시　성취무변법계
如來應正等覺도 亦復如是하사 成就無邊法界

다시 또 불자들이여, 비유하면 해가 염부제에 뜸에 먼저 일체 수미산 등 모든 큰 산왕을 비추고, 다음에 흑산을 비추고, 다음에 고원을 비추고, 그런 후에 일체 대지를 널리 비추지만, 해가 생각하기를 '내가 먼저 여기 비추고 뒤에 저기 비추리라'고 하지 않는다. 단지 산과 땅이 높고 낮음이 있는 까닭으로 비춤에 선후가 있다.

여래 응정등각도 또한 이와 같아서 가없는 법계 지혜의 바퀴를 성취하여 걸림 없는 지혜 광명을 항상 놓아서 먼저 보살마하살 등 모든 큰 산왕을 비추고, 다음에 연각을 비추고, 다음

지륜   상방무애지혜광명   선조보살마
智輪하야 常放無礙智慧光明하사 先照菩薩摩

하살등제대산왕   차조연각   차조성문   차
詞薩等諸大山王하고 次照緣覺하고 次照聲聞하고 次

조결정선근중생   수기심기   시광대지
照決定善根衆生하사 隨其心器하야 示廣大智하고

연후보조일체중생   내지사정   역개보
然後普照一切衆生하며 乃至邪定이라도 亦皆普

급
及하나니라

위작미래이익인연   영성숙고   이피여래
爲作未來利益因緣하야 令成熟故나 而彼如來

대지일광   부작시념   아당선조보살대
大智日光은 不作是念호대 我當先照菩薩大

행   내지후조사정중생   단방광명   평
行하며 乃至後照邪定衆生이요 但放光明하야 平

에 성문을 비추고, 다음에 결정된 선근의 중생들을 비추어, 그 마음 그릇을 따라 넓고 큰 지혜를 보이고, 그런 뒤에 일체 중생을 널리 비추며, 내지 사정취에게도 또한 모두 널리 미친다.

미래에 이익할 인연을 지어 성숙케 하기 위한 까닭이다. 그러나 저 여래의 큰 지혜 햇빛은 생각하기를 '내가 마땅히 먼저 보살의 크게 수행하는 이를 비추고, 내지 나중에 사정취 중생을 비추리라'고 하지 않는다. 다만 광명을 놓아 평등하게 널리 비출 뿐, 걸림도 없고 막힘도 없고 분별하는 바도 없다.

불자들이여, 비유하면 해와 달이 때를 따라

등보조　　무애무장　　　무소분별
等普照_{하사} 無礙無障_{하며} 無所分別_{이니라}

불자　비여일월　수시출현　대산유곡　보
佛子_야 譬如日月_이 隨時出現_에 大山幽谷_을 普

조무사　　　여래지혜　역부여시　　보조
照無私_{인달하야} 如來智慧_도 亦復如是_{하사} 普照

일체　　　무유분별　　수제중생　근욕부동
一切_{하야} 無有分別_{호대} 隨諸衆生_의 根欲不同_{하야}

지혜광명　종종유이
智慧光明_이 種種有異_{니라}

불자　시위여래신제사상　　제보살마하살
佛子_야 是爲如來身第四相_{이니} 諸菩薩摩訶薩_이

응여시견
應如是見_{이니라}

출현하여 큰 산과 깊은 골짜기를 사사로움 없이 널리 비추듯이, 여래의 지혜도 또한 이와 같아서 일체를 널리 비추고 분별함이 없지만 모든 중생들의 근성과 욕망이 같지 아니함을 따라서 지혜의 광명도 갖가지로 다름이 있다.

불자들이여, 이것이 여래 몸의 넷째 모양이니, 모든 보살마하살들은 마땅히 이와 같이 보아야 한다.

다시 또 불자들이여, 비유하면 해가 뜨는 것을 태어날 때부터 맹인인 중생들은 눈이 없는 까닭으로 일찍이 보지 못하였다. 비록 일찍이

부차불자　　비여일출　　생맹중생　　무안근고
復次佛子야 譬如日出에 生盲衆生이 無眼根故로

미증득견　　　수미증견　　　연위일광지소요
未曾得見하나니 雖未曾見이나 然爲日光之所饒

익　　　　하이고　　　인차득지주야시절　　　수용
益이니라 何以故오 因此得知晝夜時節하며 受用

종종의복음식　　　영신조적　　　이중환고
種種衣服飲食하야 令身調適하야 離衆患故인달하니라

여래지일　　　역부여시　　　무신무해　　　훼계
如來智日도 亦復如是하사 無信無解하며 毀戒

훼견　　　사명자활　　　생맹지류　　무신안고
毀見하며 邪命自活하는 生盲之類는 無信眼故로

불견제불지혜일륜　　　수불견불지혜일륜
不見諸佛智慧日輪하나니 雖不見佛智慧日輪이나

역위지일지소요익　　　하이고　　　이불위력
亦爲智日之所饒益이니라 何以故오 以佛威力으로

보지는 못하였으나 그러나 햇빛의 이익하는 바가 된다. 왜냐하면 이것을 인하여 낮과 밤의 시절을 알고, 갖가지 의복과 음식을 수용하여 몸을 조화롭고 편안하게 하며 온갖 근심을 여의는 까닭이다.

여래 지혜의 해도 또한 이와 같아서 믿음이 없고 이해가 없고 계를 훼손하고 소견을 훼손하고 삿되게 살아가는, 태어날 때부터 맹인인 부류는 믿음의 눈이 없는 까닭으로 모든 부처님 지혜의 해를 보지 못한다. 비록 부처님 지혜의 해를 보지는 못하나 또한 지혜의 해의 이익하는 바가 된다. 왜냐하면 부처님의 위신력

영피중생　소유신고　급제번뇌　미래고인
令彼衆生의 **所有身苦**와 **及諸煩惱**와 **未來苦因**으로

개소멸고
皆消滅故니라

불자　여래　유광명　　명적집일체공덕
佛子야 **如來**가 **有光明**하니 **名積集一切功德**이며

유광명　　명보조일체　　유광명　　명청정
有光明하니 **名普照一切**며 **有光明**하니 **名清淨**

자재조
自在照니라

유광명　　명출대묘음　　유광명　　명보해
有光明하니 **名出大妙音**이며 **有光明**하니 **名普解**

일체어언법　　영타환희　　유광명　　명시
一切語言法하야 **令他歡喜**하며 **有光明**하니 **名示**

현영단일체의자재경계
現永斷一切疑自在境界니라

으로써 저 중생들이 가진 몸의 고통과 그리고 모든 번뇌와 미래의 괴로움의 원인을 모두 소멸하게 하는 까닭이다.

불자들이여, 여래께 광명이 있으니 이름이 '일체 공덕을 쌓아 모음'이며, 광명이 있으니 이름이 '일체를 널리 비춤'이며, 광명이 있으니 이름이 '청정하고 자재하게 비춤'이다.

광명이 있으니 이름이 '크고 미묘한 음성을 냄'이며, 광명이 있으니 이름이 '일체 말하는 법을 널리 알아서 다른 이를 환희하게 함'이며, 광명이 있으니 이름이 '일체 의심을 길이 끊어 자재한 경계를 나타내 보임'이다.

유광명　　명무주지자재보조　　유광명
有光明하니 名無住智自在普照며 有光明하니

명영단일체희론자재지　　유광명　　명수소
名永斷一切戲論自在智며 有光明하니 名隨所

응출묘음성　　유광명　　명출청정자재음
應出妙音聲이며 有光明하니 名出淸淨自在音하야

장엄국토　　성숙중생
莊嚴國土하야 成熟衆生이니라

불자　　여래일일모공　　방여시등천종광명
佛子야 如來一一毛孔에 放如是等千種光明하사

오백광명　　보조하방　　오백광명　　보조상
五百光明은 普照下方하고 五百光明은 普照上

방종종찰중종종불소제보살중
方種種刹中種種佛所諸菩薩衆하니라

기보살등　　견차광명　　일시개득여래경
其菩薩等이 見此光明하고 一時皆得如來境

광명이 있으니 이름이 '머무름이 없는 지혜로 자재하게 널리 비춤'이며, 광명이 있으니 이름이 '일체 희론을 길이 끊은 자재한 지혜'이며, 광명이 있으니 이름이 '마땅한 바를 따라 미묘한 음성을 냄'이며, 광명이 있으니 이름이 '청정하고 자재한 음성을 내어 국토를 장엄하고 중생을 성숙하게 함'이다.

불자들이여, 여래의 낱낱 모공에서 이와 같은 등 일천 가지 광명을 놓아서 오백 광명으로는 하방을 널리 비추고, 오백 광명으로는 상방의 갖가지 세계 가운데 갖가지 부처님 처소의 모든 보살 대중들을 널리 비춘다.

계
界하야 十頭十眼과 十耳十鼻와 十舌十身과 十

수십족   십지십지   개실청정   피제보
手十足과 十地十智가 皆悉淸淨하니라 彼諸菩

살   선소성취제처제지   견피광명   전경
薩의 先所成就諸處諸地가 見彼光明하고 轉更

청정   일체선근   개실성숙   취일체지
淸淨하야 一切善根이 皆悉成熟하야 趣一切智하니라

주이승자   멸일체구   기여일분생맹중생
住二乘者가 滅一切垢하며 其餘一分生盲衆生이

신기쾌락   심역청정   유연조복   감수
身旣快樂하고 心亦淸淨하야 柔軟調伏하야 堪修

염지   지옥아귀축생제취소유중생   개
念智하니라 地獄餓鬼畜生諸趣所有衆生이 皆

득쾌락   해탈중고   명종   개생천상인
得快樂하야 解脫衆苦하고 命終에 皆生天上人

그 보살들이 이 광명을 보고는 한꺼번에 다 여래의 경계를 얻어서 열 머리와 열 눈과 열 귀와 열 코와 열 혀와 열 몸과 열 손과 열 발과 열 지위와 열 지혜가 모두 다 청정하여졌다. 저 모든 보살들의 먼저 성취한 모든 처소와 모든 지위에서 그 광명을 보고 더욱더 청정하여지며 일체 선근이 모두 다 성숙하여 일체지에 나아갔다.

이승에 머무른 자는 일체 때를 없애고, 그 나머지 한 부분인 태어날 때부터 맹인인 중생들도 몸이 이미 쾌락하고 마음도 또한 청정하여 유연하고 조복되어 생각의 지혜를 견디어

간
聞하나니라

불자　피제중생　　불각부지이하인연　　이
佛子야 彼諸衆生이 不覺不知以何因緣이며 以

하신력　　이래생차　　피생맹자　작여시
何神力으로 而來生此하고 彼生盲者가 作如是

념　　아시범천　　아시범화
念호대 我是梵天이며 我是梵化로라하나니라

시시여래　주보자재삼매　　출육십종묘음
是時如來가 住普自在三昧하사 出六十種妙音하야

이고지언　　　여등　비시범천　　역비범
而告之言하사대 汝等이 非是梵天이며 亦非梵

화　역비제석호세소작　　개시여래위신지
化며 亦非帝釋護世所作이요 皆是如來威神之

력
力이라하나니라

닦게 되었다. 지옥과 아귀와 축생의 모든 갈래에 있는 중생들도 다 쾌락을 얻고 온갖 고통에서 해탈하며, 목숨이 마치면 모두 천상과 인간에 태어난다.

불자들이여, 저 모든 중생들은 무슨 인연과 무슨 위신력으로써 여기에 와서 태어나는지를 깨닫지 못하고 알지 못하며, 저 태어날 때부터 맹인인 자는 이와 같은 생각을 하기를 '나는 범천이며, 나는 범천의 변화함이다'라고 한다.

이때에 여래께서 널리 자재하는 삼매에 머무르면서 예순 가지 미묘한 음성을 내어 말씀하셨다. '그대들은 범천도 아니고, 또한 범천이 변화

피제중생　　문시어이　　　이불신력　　　개지
彼諸衆生이　聞是語已하고　以佛神力으로　皆知

숙명　　　생대환희　　　심환희고　　　자연이출
宿命하야　生大歡喜하며　心歡喜故로　自然而出

우담화운　　향운　　음악운　　의운　　개운　　당
優曇華雲과　香雲과　音樂雲과　衣雲과　蓋雲과　幢

운　　번운　　말향운　　보운　　사자당반월누각
雲과　幡雲과　末香雲과　寶雲과　師子幢半月樓閣

운　　가영찬탄운　　종종장엄운　　　개이존중
雲과　歌詠讚歎雲과　種種莊嚴雲하야　皆以尊重

심　　　공양여래
心으로　供養如來하나니라

하이고　　차제중생　　득정안고　　여래여피
何以故오　此諸衆生이　得淨眼故로　如來與彼로

수아뇩다라삼먁삼보리기
授阿耨多羅三藐三菩提記일새니라

한 것도 아니며, 또한 제석이나 호세사천왕이 지은 바도 아니고, 모두가 여래의 위신력이다.'

저 모든 중생들이 이 말씀을 듣고는 부처님의 위신력으로 모두 지난 세상의 일을 알고 크게 환희하며, 마음이 환희하므로 저절로 우담꽃구름과 향구름과 음악구름과 옷구름과 일산구름과 당기구름과 번기구름과 가루향구름과 보배구름과 사자당기반달누각구름과 노래하여 찬탄하는 구름과 갖가지로 장엄한 구름을 내어 모두 존중하는 마음으로 여래께 공양올렸다.

무슨 까닭인가? 이 모든 중생들이 깨끗한 눈을 얻은 까닭으로 여래께서 그들에게 아뇩

불자　　여래지일　　　여시이익생맹중생　　　영
佛子야 如來智日이 如是利益生盲衆生하야 令

득선근　　　구족성숙
得善根하야 具足成熟이니라

불자　　시위여래신제오상　　　　제보살마하살
佛子야 是爲如來身第五相이니 諸菩薩摩訶薩이

응여시견
應如是見이니라

부차불자　　비여월륜　　유사기특미증유법
復次佛子야 譬如月輪이 有四奇特未曾有法하니

하등　　위사　　일자　　영폐일체성수광명
何等이 爲四오 一者는 映蔽一切星宿光明이요

이자　　수축어시　　시현휴영　　삼자　　어
二者는 隨逐於時하야 示現虧盈이요 三者는 於

다라삼먁삼보리의 수기를 주신 것이다.

불자들이여, 여래의 지혜의 해는 이와 같이 태어날 때부터 맹인인 중생들도 이롭게 하여 선근을 얻어 구족히 성숙하게 한다.

불자들이여, 이것이 여래 몸의 다섯째 모양 이니, 모든 보살마하살들은 마땅히 이와 같이 보아야 한다.

다시 또 불자들이여, 비유하면 보름달에는 네 가지 기특한 미증유의 법이 있다. 무엇이 넷인가? 하나는 일체 별의 광명을 덮어 가림이 고, 둘은 때를 따라서 이지러지고 차는 것을

염부제징정수중　　영무불현　　사자　　일체
閻浮提澄淨水中에　影無不現이요　四者는　一切

견자　　개대목전　　　이차월륜　　무유분별
見者가　皆對目前호대　而此月輪은　無有分別하며

무유희론
無有戲論인달하니라

불자　　여래신월　　역부여시　　유사기특미
佛子야　如來身月도　亦復如是하사　有四奇特未

증유법
曾有法하니라

하등　　위사　　소위영폐일체성문독각학무
何等이　爲四오　所謂映蔽一切聲聞獨覺學無

학중　　수기소의　　시현수명　　수단부동
學衆과　隨其所宜하야　示現壽命의　脩短不同호대

이여래신　　무유증감　　일체세계정심중생
而如來身은　無有增減과　一切世界淨心衆生의

나타내 보임이고, 셋은 염부제의 맑은 물속에 영상이 나타나지 않음이 없음이고, 넷은 일체 보는 자가 모두 눈앞에 대하지만 그러나 이 달은 분별이 없고 희론도 없음이다.

불자들이여, 여래 몸의 달도 또한 이와 같아서 네 가지 기특한 미증유의 법이 있다.

무엇이 넷인가? 이른바 일체 성문과 독각과 배우는 자와 배울 것 없는 중생들을 덮어 가리는 것이고, 그 마땅한 바를 따라서 수명의 길고 짧음이 같지 않음을 나타내 보이지만 여래의 몸은 증감이 없는 것이고, 일체 세계의 마음이 깨끗한 중생의 보리 그릇 가운데 그림

보리기중　영무불현　일체중생　유첨대자
菩提器中에 影無不現과 一切衆生이 有瞻對者는

개위여래　유현아전
皆謂如來가 唯現我前이라하나니라

수기심락　　이위설법　　수기지위　　영득
隨其心樂하야 而爲說法하며 隨其地位하야 令得

해탈　　수소응화　　영견불신　　이여래신
解脫하며 隨所應化하야 令見佛身호대 而如來身은

무유분별　　무유희론　　소작이익　개득
無有分別하며 無有戲論하야 所作利益이 皆得

구경
究竟이니라

불자　시위여래신제육상　　제보살마하살
佛子야 是爲如來身第六相이니 諸菩薩摩訶薩이

응여시견
應如是見이니라

자가 나타나지 않음이 없는 것이고, 일체 중생이 우러러 대함이 있는 자는 다 '여래께서 오직 내 앞에만 나타나신다'라고 하는 것이다.

그 마음의 좋아함을 따라서 위하여 법을 설하고, 그 지위를 따라서 해탈을 얻게 하며, 마땅히 교화할 바를 따라서 부처님의 몸을 보게 하되, 여래의 몸은 분별이 없고 희론도 없어서 짓는 이익이 모두 끝까지 이른다.

불자들이여, 이것이 여래 몸의 여섯째 모양이니, 모든 보살마하살들은 마땅히 이와 같이 보아야 한다.

부차불자　　비여삼천대천세계대범천왕
復次佛子야 譬如三千大千世界大梵天王이

이소방편　　어대천세계　　보현기신　　　일
以少方便으로 於大千世界에 普現其身이어든 一

체중생　　개견범왕　　현재기전　　　이차범왕
切衆生이 皆見梵王이 現在已前호대 而此梵王은

역불분신　　무종종신
亦不分身하며 無種種身인달하니라

불자　　제불여래　　역부여시　　　무유분별
佛子야 諸佛如來도 亦復如是하사 無有分別하며

무유희론　　역불분신　　무종종신　　이수
無有戲論하며 亦不分身하며 無種種身이요 而隨

일체중생심락　　시현기신　　역부작념현
一切衆生心樂하야 示現其身호대 亦不作念現

약간신
若干身이니라

다시 또 불자들이여, 비유하면 삼천대천세계의 대범천왕은 적은 방편으로써 대천세계에 그 몸을 널리 나타내는데, 일체 중생이 다 범왕이 자기 앞에 나타나 있음을 보지만 이 범왕은 또한 몸을 나누지도 않고 갖가지 몸도 없다.

불자들이여, 모든 부처님 여래도 또한 다시 이와 같아서 분별이 없으며 희론도 없으며 또한 몸을 나누지도 않으며 갖가지 몸도 없지만, 일체 중생의 마음에 즐겨함을 따라서 그 몸을 나타내 보이되 또한 조금도 몸을 나타낸다는 생각을 하지 않는다.

불자들이여, 이것이 여래 몸의 일곱째 모양

불자   시위여래신제칠상   제보살마하살
佛子야 是爲如來身第七相이니 諸菩薩摩訶薩이

응여시견
應如是見이니라

부차불자   비여의왕   선지중약   급제주론
復次佛子야 譬如醫王이 善知衆藥과 及諸呪論하야

염부제중제소유약   용무부진   부이숙세
閻浮提中諸所有藥을 用無不盡하며 復以宿世

제선근력   대명주력   위방편고   중생견
諸善根力과 大明呪力으로 爲方便故로 衆生見

자   병무불유
者가 病無不愈니라

피대의왕   지명장종   작시염언   아명
彼大醫王이 知命將終하고 作是念言호대 我命

이니, 모든 보살마하살들은 마땅히 이와 같이 보아야 한다.

다시 또 불자들이여, 비유하면 의왕이 온갖 약과 그리고 모든 주문을 잘 알아 염부제 가운데 모든 있는 바 약을 쓰되 다하지 않음이 없으며, 다시 숙세의 모든 선근의 힘과 크고 밝은 주문의 힘으로써 방편을 삼은 까닭으로 중생들이 보는 자는 병이 낫지 않음이 없다.

저 큰 의왕이 목숨이 장차 끝날 것을 알고 이 생각을 지어 말하기를 '나의 목숨이 끝난 뒤에는 일체 중생이 의지할 바가 없을 것이니,

종후　　일체중생　　무소의호　　아금의응위현
終後에 **一切衆生**이 **無所依怙**니 **我今宜應爲現**

방편
方便이라하니라

시시의왕　　합약도신　　명주력지　　영기
是時醫王이 **合藥塗身**하며 **明呪力持**하야 **令其**

종후　　신불분산　　불위불고　　위의시청
終後에 **身不分散**하야 **不萎不枯**하며 **威儀視聽**이

여본무별　　범소료치　　실득제차
與本無別하며 **凡所療治**가 **悉得除差**인달하니라

불자　여래응정등각무상의왕　역부여시
佛子야 **如來應正等覺無上醫王**도 **亦復如是**하사

어무량백천억나유타겁　연치법약　이득
於無量百千億那由他劫에 **鍊治法藥**하야 **已得**

성취
成就하니라

내가 이제 마땅히 위하여 방편을 나타내리라’
고 한다.

이때 의왕이 약을 만들어 몸에 바르고 밝
은 주문의 힘으로 유지하여, 그가 죽은 뒤에
도 몸이 흩어지지 않고 시들지도 않고 마르지
도 않아서 위의와 보고 들음이 본래와 다름이
없게 해서, 무릇 치료하는 바가 모두 쾌차하게
함을 얻는다.

불자들이여, 여래 응정등각인 위없는 의왕도
또한 이와 같아서 한량없는 백천억 나유타 겁
동안에 법의 약을 연마하고 다스려 이미 성취
함을 얻었다.

수학일체방편선교　대명주력　개도피
修學一切方便善巧하야 大明呪力이 皆到彼

안　　선능제멸일체중생　제번뇌병　　급
岸하사 善能除滅一切衆生의 諸煩惱病하며 及

주수명　　경무량겁　　기신청정　　무유사
住壽命하야 經無量劫호대 其身淸淨하야 無有思

려　　무유동용　　일체불사　미상휴식
慮하고 無有動用하야 一切佛事를 未嘗休息이어든

중생견자　제번뇌병　실득소멸
衆生見者가 諸煩惱病이 悉得消滅이니라

불자　시위여래신제팔상　　제보살마하
佛子야 是爲如來身第八相이니 諸菩薩摩訶

살　응여시견
薩이 應如是見이니라

일체 방편 선교를 닦아 배워서 크고 밝은 주문의 힘이 모두 저 언덕에 이르러, 일체 중생의 모든 번뇌의 병을 잘 능히 소멸시킨다. 그리고 수명에 머물러 한량없는 겁을 지내되, 그 몸이 청정하여 생각함도 없고 움직여 작용함도 없지만 일체 불사를 일찍이 쉬지 아니하였으며, 중생들이 보는 자는 모든 번뇌의 병이 다 소멸함을 얻는다.

불자들이여, 이것이 여래 몸의 여덟째 모양이니, 모든 보살마하살들은 마땅히 이와 같이 보아야 한다.

부차불자　비여대해　유대마니보　　명집
復次佛子야 譬如大海에 有大摩尼寶하니 名集

일체광명비로자나장
一切光明毗盧遮那藏이라

약유중생　촉기광자　실동기색　　약유견
若有衆生이 觸其光者면 悉同其色이요 若有見

자　안득청정　　수피광명　소조지처　　우
者면 眼得淸淨이며 隨彼光明의 所照之處하야 雨

마니보　　명위안락　　영제중생　　이고조
摩尼寶하니 名爲安樂이라 令諸衆生으로 離苦調

적
適인달하니라

불자　제여래신　역부여시　　위대보취일
佛子야 諸如來身도 亦復如是하사 爲大寶聚一

체공덕대지혜장
切功德大智慧藏이니라

다시 또 불자들이여, 비유하면 큰 바다에 큰 마니보배가 있으니 이름이 '일체 광명을 모은 비로자나장'이다.

만약 어떤 중생이 그 광명에 닿으면 모두 그 빛과 같아지고, 만약 보는 자가 있으면 눈이 청정함을 얻으며, 그 광명이 비치는 곳을 따라 마니보배를 비내리니 이름이 '안락'이라 모든 중생들로 하여금 괴로움을 여의고 화평하게 한다.

불자들이여, 모든 여래의 몸도 또한 이와 같아서 큰 보배더미 일체 공덕의 큰 지혜 창고가 된다.

만약 어떤 중생이 부처님 몸의 보배 지혜 광

약유중생 축불신보지혜광자 동불신색
若有衆生이 觸佛身寶智慧光者면 同佛身色이요

약유견자 법안청정 수피광명 소조지
若有見者면 法眼淸淨이라 隨彼光明의 所照之

처 영제중생 이빈궁고 내지구족불
處하야 令諸衆生으로 離貧窮苦하며 乃至具足佛

보리낙
菩提樂이니라

불자 여래법신 무소분별 역무희론
佛子야 如來法身이 無所分別하며 亦無戱論호대

이능보위일체중생 작대불사
而能普爲一切衆生하야 作大佛事니라

불자 시위여래신제구상 제보살마하
佛子야 是爲如來身第九相이니 諸菩薩摩訶

살 응여시견
薩이 應如是見이니라

명에 닿으면 부처님 몸의 빛과 같아지고, 만약 보는 자가 있으면 법의 눈이 청정하여진다. 그 광명이 비치는 곳을 따라 모든 중생들로 하여금 빈궁한 고통을 여의게 하며, 내지 부처님 보리의 낙을 구족하게 한다.

불자들이여, 여래의 법신은 분별하는 바가 없고 또한 희론도 없지만 능히 널리 일체 중생을 위하여 큰 불사를 짓는다.

불자들이여, 이것이 여래 몸의 아홉째 모양이니, 보살마하살들은 마땅히 이와 같이 보아야 한다.

부차불자　비여대해　유대여의마니보왕
復次佛子야 譬如大海에 有大如意摩尼寶王하니

명일체세간장엄장　구족성취백만공덕
名一切世間莊嚴藏이라 具足成就百萬功德하며

수소주처　　영제중생　　재환소제　　소
隨所住處하야 令諸衆生으로 災患消除하고 所

원만족　　연차여의마니보왕　비소복중생
願滿足이나 然此如意摩尼寶王은 非少福衆生의

소능득견
所能得見인달하니라

여래신여의보왕　역부여시　　명위능령일
如來身如意寶王도 亦復如是하사 名爲能令一

체중생　개실환희　약유견신문명찬덕
切衆生으로 皆悉歡喜니 若有見身聞名讚德이면

실령영리생사고환　가사일체세계일체중
悉令永離生死苦患하며 假使一切世界一切衆

다시 또 불자들이여, 비유하면 큰 바다에 큰 여의 마니보배왕이 있으니 이름이 '일체 세간을 장엄하는 창고'이다. 백만 공덕을 구족하게 성취하고 머무르는 곳을 따라 모든 중생들로 하여금 재앙과 환란이 소멸되고 소원을 만족하게 한다. 그러나 이 여의 마니보배왕은 복이 적은 중생들은 능히 볼 수 없다.

여래 몸의 여의 보배왕도 또한 다시 이와 같아서 이름이 '일체 중생으로 하여금 모두 다 환희하게 함'이니, 만약 몸을 보거나 이름을 듣고 공덕을 찬탄하면 모두 생사의 고통을 길이 여의게 하며, 가령 일체 세계의 일체 중생

생 일시전심 욕견여래 실령득견
生이 一時專心하야 欲見如來라도 悉令得見하야

소원개만
所願皆滿이니라

불자 불신 비시소복중생 소능득견
佛子야 佛身은 非是少福衆生의 所能得見이요

유제여래자재신력 소응조복
唯除如來自在神力으로 所應調伏이니라

약유중생 인견불신 변종선근 내지
若有衆生이 因見佛身하면 便種善根하야 乃至

성숙 위성숙고 내령득견여래신이
成熟하며 爲成熟故로 乃令得見如來身耳니라

불자 시위여래신제십상 제보살마하
佛子야 是爲如來身第十相이라 諸菩薩摩訶

살 응여시견
薩이 應如是見이니라

이 일시에 오롯한 마음으로 여래를 보고자 하더라도 다 보게 하고 소원을 다 만족하게 한다.

불자들이여, 부처님의 몸은 복이 적은 중생들의 볼 수 있는 바가 아니고, 오직 여래의 자재하신 위신력으로 마땅히 조복하시는 바는 제외된다.

만약 어떤 중생이 부처님의 몸을 친견하면 곧 선근을 심고 내지 성숙하며, 성숙케 하기 위한 까닭으로 이에 여래의 몸을 보게 할 뿐이다.

불자들이여, 이것이 여래 몸의 열째 모양이니, 모든 보살마하살들은 마땅히 이와 같이 보아야 한다.

이기심무량　　변시방고　　소행무애　　　여
以其心無量하야 徧十方故며 所行無礙하야 如

허공고　　보입법계고　　주진실제고　　무생무
虛空故며 普入法界故며 住眞實際故며 無生無

멸고　　등주삼세고　　영리일체분별고　　주진
滅故며 等住三世故며 永離一切分別故며 住盡

후제서원고　　엄정일체세계고　　　장엄일일
後際誓願故며 嚴淨一切世界故며 莊嚴一一

불신고
佛身故니라

이시　　보현보살마하살　　욕중명차의　　　이
爾時에 普賢菩薩摩訶薩이 欲重明此義하사 而

설송언
說頌言하시니라

그 마음이 한량없어 시방에 두루하는 까닭이며, 다니는 것이 걸림이 없어서 허공과 같은 까닭이며, 법계에 널리 들어가는 까닭이며, 진실한 경계에 머무르는 까닭이며, 남이 없고 멸함도 없는 까닭이며, 삼세에 평등하게 머무르는 까닭이며, 일체 분별을 길이 여읜 까닭이며, 뒷 시절이 다하도록 서원에 머무르는 까닭이며, 일체 세계를 깨끗이 장엄하는 까닭이며, 낱낱 부처님의 몸을 장엄하는 까닭이다."

그때에 보현 보살마하살이 이 뜻을 거듭 밝히려고 게송을 설하여 말씀하였다.

비여허공변시방
譬如虛空徧十方하야

약색비색유비유
若色非色有非有와

삼세중생신국토
三世衆生身國土에

여시보재무변제
如是普在無邊際인달하야

제불진신역여시
諸佛眞身亦如是하사

일체법계무불변
一切法界無不徧하야

불가득견불가취
不可得見不可取나

위화중생이현형
爲化衆生而現形이로다

비여허공불가취
譬如虛空不可取라

보사중생조중업
普使衆生造衆業호대

불념아금하소작
不念我今何所作이며

운하아작위수작
云何我作爲誰作인달하야

비유하면 허공이 시방에 두루하여

형상과 형상 아님과 있음과 있지 않음과

삼세 중생들의 몸과 국토에

이와 같이 널리 있어서 끝이 없듯이

모든 부처님의 진신도 또한 이와 같아서

일체 법계에 두루하지 않음이 없어

볼 수도 없고 취할 수도 없으나

중생을 교화하기 위하여 형상을 나타내셨도다.

비유하면 허공은 취할 수 없으나

널리 중생들로 하여금 온갖 업을 짓게 하되

내가 지금 어떤 것을 지으며 무엇이 내가 짓는 것이며

누구를 위하여 짓는가를 생각하지 않듯이

제불신업역여시
諸佛身業亦如是하사

보사군생수선법
普使群生修善法호대

여래미증유분별
如來未曾有分別하야

아금어피종종작
我今於彼種種作이로다

비여일출염부제
譬如日出閻浮提에

광명파암실무여
光明破闇悉無餘하며

산수지연지중물
山樹池蓮地衆物과

종종품류개몽익
種種品類皆蒙益인달하야

제불일출역여시
諸佛日出亦如是하사

생장인천중선행
生長人天衆善行하며

영제치암득지명
永除癡闇得智明하야

항수존영일체락
恒受尊榮一切樂이로다

모든 부처님 몸의 업도 또한 이와 같아서
널리 중생들로 하여금 착한 법을 닦게 하되
여래께서는 '내가 지금 저 갖가지를 짓는다'고
일찍이 분별하지 않으셨도다.

비유하면 해가 염부제에 뜨면
광명이 다 남김없이 어두움을 깨뜨리고
산의 나무와 못의 연꽃과 땅의 온갖 물건과
갖가지 종류들이 다 이익을 받듯이

모든 부처님의 해가 뜸도 또한 이와 같아서
인간과 천상의 온갖 선행을 자라게 하고
어리석은 어두움을 길이 없애고 밝은 지혜를 얻어
높고 영화로운 일체 낙을 항상 받게 하도다.

비여일광출현시
譬如日光出現時에

선조산왕차여산
先照山王次餘山하며

후조고원급대지
後照高原及大地호대

이일미시유분별
而日未始有分別인달하야

선서광명역여시
善逝光明亦如是하사

선조보살차연각
先照菩薩次緣覺하며

후조성문급중생
後照聲聞及衆生호대

이불본래무동념
而佛本來無動念이로다

비여생맹불견일
譬如生盲不見日호대

일광역위작요익
日光亦爲作饒益하야

영지시절수음식
令知時節受飮食하야

영리중환신안은
永離衆患身安隱인달하야

비유하면 햇빛이 출현할 때에

먼저 산왕을 비추고 다음에 나머지 산이며

뒤에 고원과 그리고 대지를 비추되

해는 처음부터 분별이 있지 않듯이

선서의 광명도 또한 이와 같아서

먼저 보살을 비추고 다음에 연각이며

뒤에 성문과 그리고 중생을 비추되

부처님은 본래 흔들리는 생각이 없으시도다.

태어날 때부터 맹인은 해를 보지 못하나

햇빛은 또한 위하여 요익하게 하니

시절을 알고 음식을 수용하게 하여

온갖 근심을 길이 여의고 몸이 편안하게 하듯이

무신중생불견불
無信衆生不見佛호대 　이불역위홍의리
而佛亦爲興義利하시니

문명급이촉광명
聞名及以觸光明에 　인차내지득보리
因此乃至得菩提로다

비여정월재허공
譬如淨月在虛空에 　능폐중성시영결
能蔽衆星示盈缺하며

일체수중개현영
一切水中皆現影이어든 　제유관첨실대전
諸有觀瞻悉對前인달하야

여래정월역부연
如來淨月亦復然하사 　능폐여승시수단
能蔽餘乘示脩短하며

보현천인정심수
普現天人淨心水하시니 　일체개위대기전
一切皆謂對其前이로다

신심 없는 중생들은 부처님을 보지 못하나
부처님은 또한 위하여 의리를 일으키시니
이름을 듣고 그리고 광명에 닿아서
이로 인하여 이에 보리를 얻음에 이르도다.

비유하면 맑은 달이 허공에 있음에
능히 온갖 별을 가리며 차고 이지러짐을 보이며
일체 물 가운데 다 영상을 나타내는데
모든 보는 이들이 다 앞에 대한다고 하듯이

여래의 맑은 달도 또한 다시 그러하여
능히 나머지 승을 가리고 길고 짧음을 보이며
천신과 사람의 맑은 마음의 물에 널리 나타내는데
일체가 다 '그 앞에 대한다'고 하도다.

비여범왕주자궁
譬如梵王住自宮하야

보현삼천제범처
普現三千諸梵處하니

일체인천함득견
一切人天咸得見호대

실불분신향어피
實不分身向於彼인달하야

제불현신역여시
諸佛現身亦如是하사

일체시방무불변
一切十方無不徧하시니

기신무수불가칭
其身無數不可稱이나

역불분신불분별
亦不分身不分別이로다

여유의왕선방술
如有醫王善方術에

약유견자병개유
若有見者病皆愈라

명수이진약도신
命雖已盡藥塗身하야

영기작무실여초
令其作務悉如初인달하야

비유하면 범왕이 자신의 궁전에 머물러서
삼천의 모든 범천의 처소에 널리 나타나니
일체 인간과 천신들이 모두 보지만
실제로 몸을 나누지 않고 저들을 향하듯이

모든 부처님께서 나타내시는 몸도 이와 같아서
일체 시방에 두루하지 않음이 없으시니
그 몸이 수없어 말할 수 없으나
또한 몸을 나누지 않고 분별하지 않으시도다.

마치 의왕에게 좋은 약 처방 기술이 있어서
만약 어떤 이가 보면 병이 다 낫고
목숨이 비록 이미 다했어도 몸에 약을 발라서
그 하던 일을 다 처음과 같게 하듯이

최승의왕역여시
最勝醫王亦如是하사

구족방편일체지
具足方便一切智하야

이석묘행현불신
以昔妙行現佛身하시니

중생견자번뇌멸
衆生見者煩惱滅이로다

비여해중유보왕
譬如海中有寶王하야

보출무량제광명
普出無量諸光明이어든

중생촉자동기색
衆生觸者同其色이며

약유견자안청정
若有見者眼淸淨인달하야

최승보왕역여시
最勝寶王亦如是하사

촉기광자실동색
觸其光者悉同色이며

약유득견오안개
若有得見五眼開하야

파제진암주불지
破諸塵闇住佛地로다

가장 수승한 의왕도 또한 이와 같아서
방편과 일체 지혜를 구족하여
옛적 미묘한 행으로 부처님 몸을 나타내시니
중생들이 보는 자는 번뇌가 소멸하도다.

비유하면 바다 속에 보배왕이 있어
한량없는 모든 광명을 널리 내는데
중생들이 닿는 자는 그 빛과 같아지며
만약 보는 자가 있으면 눈이 청정해지듯이

가장 수승한 보배왕도 또한 이와 같아서
그 광명에 닿는 자는 모두 빛과 같아지고
만약 볼 수 있으면 다섯 눈이 열려서
티끌들의 어둠을 깨뜨리고 불지에 머무르도다.

비여여의마니보
譬如如意摩尼寶가

수기소구개만족
隨其所求皆滿足이나

소복중생불능견
少福衆生不能見하나니

비시보왕유분별
非是寶王有分別인달하야

선서보왕역여시
善逝寶王亦如是하사

실만소구제욕락
悉滿所求諸欲樂이나

무신중생불견불
無信衆生不見佛하나니

비시선서심기사
非是善逝心棄捨로다

94

〈大方廣佛華嚴經 卷第五十〉

비유하면 여의 마니보배가

그 구하는 바를 따라서 다 만족하게 하는데

복이 적은 중생들은 볼 수 없지만

이 보배왕은 분별하지 않듯이

선서 보배왕도 또한 이와 같아서

구하는 바 모든 욕락을 다 채워 주시지만

신심 없는 중생들은 부처님을 보지 못해도

선서께서 마음에 버리시는 것은 아니로다.

大方廣佛華嚴經 ── 부록

• 대방광불화엄경 목차

• 간행사

대방광불화엄경
목차

간 행 사

　귀의삼보 하옵고,

『대방광불화엄경』의 수지 독송과 유통을 발원하면서 수미정사 불전연구원에서『독송본 한문·한글역 대방광불화엄경』과『사경본 한글역 대방광불화엄경』을 편찬하여 간행하게 되었습니다.

『화엄경』은 우리나라에 전래된 이래 일찍부터 사경되고 주석·강설되어 왔으며 근현대에 이르러서는『화엄경』의 한글 번역과 연구도 부쩍 많이 이루어졌습니다. 그만큼『화엄경』이 우리 불자님들의 신행과 해탈에 큰 의지처가 되었던 것임을 알 수 있습니다.

『화엄경』을 독송하고 사경하는 공덕은 설법 공덕과 함께 크게 강조되어 왔습니다. 그리하여 수미정사 불전연구원에서도『화엄경』(80권)을 독송하고 사경하는 데 도움이 되도록 한문 원문과 한글역을 함께 수록한 독송본과 한글역의 사경본『화엄경』간행불사를 발원하였습니다. 이『화엄경』간행불사에 뜻을 같이하여 적극 후원해주신 스님들과 재가 불자님들께 깊이 감사드립니다. 또한『화엄경』을 수지 독송할 수 있도록 경책의 모습으로 장엄해 주신 편집위원들과 담앤북스 출판사 관계자들께도 고마움을 표합니다.

　끝으로 이 불사의 원만 회향으로『화엄경』이 널리 유통되고, 온 법계에 부처님의 가피가 충만하시길 기원드립니다.

　나무 대방광불화엄경

불기 2564년 '부처님오신날'을 봉축하며
수미해주 합장

위태천신(동진보살)

수미해주 須彌海住

호거산 운문사에서 성관 스님을 은사로 출가, 석암 대화상을 계사로 사미니계 수계, 월하 전계사를
계사로 비구니계 수계, 계룡산 동학사 전문강원 졸업, 동국대학교 불교대학 및 동 대학원 졸업, 철
학박사, 가산지관 대종사에게서 전강, 동국대학교 불교대학 교수, 동학승가대학 학장 및 화엄학림
학림장, 중앙승가대학교 법인이사 역임.
(현) 수미정사 주지, 동국대학교 명예교수.
저·역서로『의상화엄사상사연구』,『화엄의 세계』,『정선 원효』,『정선 화엄 1』,『정선 지눌』,『법계도기
총수록』,『해주스님의 법성게 강설』등 다수.

독송본 한문·한글역
대방광불화엄경 제50권

| **초판 1쇄 발행**_ 2024년 11월 24일

| **엮은이**_ 수미해주
| **엮은곳**_ 수미정사 불전연구원
| **편집위원**_ 해주 수정 경진 선초 정천 석도 박보람 최원섭
| **편집보**_ 무이 무진 지욱 혜명

| **펴낸이**_ 오세룡
| **펴낸곳**_ 담앤북스
　　　　　서울특별시 종로구 새문안로3길 23 경희궁의 아침 4단지 805호
　　　　　대표전화 02)765-1251　전자우편 dhamenbooks@naver.com
　　　　　출판등록 제300-2011-115호
| **ISBN**_　979-11-6201-901-6　04220

정가 15,000원
ⓒ 수미해주 2024